王少宰奏議

國家圖書館出版品預行編目資料

王少宰奏議

(清)王茂蔭著. - 初版. - 臺北市：臺灣學生，1965.01
冊；公分(中國史學叢書)
國立中央圖書館珍藏鈔本

ISBN 978-957-15-1959-3 (精裝)

1. 奏議 2. 清代

652.7　　113019928

中國史學叢書
吳相湘主編

國立中央圖書館珍藏鈔本
王少宰奏議

著者：清・王茂蔭
出版者：臺灣學生書局有限公司
發行人：楊雲龍
發行所：臺灣學生書局有限公司
臺北市和平東路一段七十五巷十一號
郵政劃撥戶：〇〇〇二四六六八號
電話：（〇二）二三九二八一八五
傳真：（〇二）二三九二八一〇五
E-mail:student.book@msa.hinet.net
http://www.studentbook.com.tw
本書局登記證字號：行政院新聞局局版北市業字第玖捌壹號

定價：新臺幣一〇〇〇〇元

一九六五年元月初版
二〇二五年四月初版二刷

6580110

出版前記

編輯叢書以保存及流傳資料，在中國已有七百六十餘年的歷史。在這悠長的歲月中，歷代刊行的各種叢書號稱數千部，其中個人詩文集約占半數，內容割裂實際不合叢書體例的又居其餘之半，其名實相符者仍有數百部；即經過商務印書館再三精選後刊行的「叢書集成」，內含各種叢書也有一百部之多。這在中國出版界眞可說是洋洋大觀，對於促進歷史文化的研究與發展實在有難以形容的價值。

但在這樣龐大的數量中，使用「史學叢書」名稱的却只有清光緒年間廣東廣雅書局的一部。

事實上：歷史學在中國是發達最早的一門學問，二千餘年來連綿不斷地繼續發展，並且隨著時代演變更新進步。在世界文化史上，中國史學眞可說是一枝獨秀。近年以來，中國歷史文化的研究成爲世界各國學術界一時風尚，中國史學先哲前賢的珍貴而豐厚遺產，更受到舉世的重視和尊敬。惟其如此，我們自然可以堂堂正正高舉中國史學的大旗，這就是本叢書命名的由來。

中國史學的範圍非常廣泛，要想在這一部叢書中包羅萬象，是事實所不許；今惟有在適應當前中外學人的普遍興趣以及編者個人學識能力的原則下，決定一個方向，就是以明清史料作本叢書選輯的優先對象。

至於史料的選擇取用，主要原則在「實用」與「罕見」，由編者綜合若干有關專家學者的意見而後決定；是這樣地集思廣益，應該可以適應一般需要。

對於史料的形式，也就是版本，儘可能選用初刻或精刻的善本，在「罕見」的原則下自然更注意搜求手寫稿本。

印刷方法是完全按原版影印，不加描摹，因爲此時此地印刷廠沒有描摹的人才；並且爲適合國內多數學人的購買能力，對於許多卷帙浩繁的書籍是採用縮小影印方式，以減少篇幅降低成本。在技術上也無法描摹。至於罕見的手寫稿本則儘可能地按原書大小影印，以便閱讀。

選印在本叢書內的每一史料也就是每一部書，編者都儘可能地約請專家學者撰寫序跋，指陳其價值或版本異同，中外學人當可一目瞭然其書內容大要。

儘管在編印體例上有若干與衆不同的改進，但一定還有許多疏漏的地方，希望海內外方家多加督責，以便隨時更新。

吳相湘

中華民國五十三年十一月十二日於臺北市

王少宰奏議影印本序

「王少宰奏議」是清咸豐、同治朝戶部侍郎王茂蔭對國事意見和主張的彙集。

王茂蔭字椿年、一字子懷，安徽歙縣人，生於嘉慶三年三月，卒於同治四年六月，得年六十八歲（1798—1865）。他的生平：「續碑傳集」卷第十一有李鴻章具名、方宗誠代撰的「光祿大夫吏部右侍郎王公神道碑銘」，「清史稿」卷第四二八（列傳卷二〇九）首列他的事蹟。「中國近代史論叢」（正中書局印行）第二輯第三册中也有一篇「王茂蔭與咸豐時代的新幣制」論文。

王茂蔭自成進士後即官戶部主事，先後在戶部經歷二十年的郎官生活，對於鴉片戰爭以後尤其太平軍起事以後的國計民生重大問題是非常注意講求和坦直上言的。並且他又曾被任爲監察御史、左副都御史，職責所在，更是「知無不言，言無不盡」（神道碑）。清史稿卷第四二八「論曰：咸豐中四方多故，文宗悒悒，恒抱疾，京師用不足，大錢鈔票法立弊滋，王茂蔭屢進讜言，均中利害，清直爲一時之最」。這是對於王茂蔭歷史地位的公平論斷，很值得注意；祇是其中「大錢鈔票法立弊滋」一語太含糊不清，需要稍加說明。

滿清時代全國通用的貨幣是銀兩和銅鑄的制錢。自英國鴉片走私進口，白銀大量流出，引起銀貴錢賤的嚴重問題。太平軍起事後，鑄錢所需要的銅也不易自雲南產地運達京師，制錢的鑄造也難以爲繼。加以戰區擴大，賦稅日減，軍需日增，清廷財政支應異常困難。於是廷臣中就有「行鈔法」「鑄大錢」

兩種不同解決方案的提出，王茂蔭是「行鈔法」方案的主要人物。他在太平軍起事後的第十五個月（咸豐元年三月）首上條議鈔法摺，指出過去行鈔的十五種弊端之後，提出發行新鈔辦法九條：主張發行一種以銀爲本位的絲織寶鈔，交商店流通，商人可得些少利益，持鈔人可用以交納國稅，也可隨時兌換銀錢。雖然沒有「鈔本」（發行準備基金），但因發行有定額，總數不過每年國家收入四分之一，且可兌現，流通自然不成問題。

由於這一奏議，王茂蔭從此引起朝廷的注意；但他的主張却沒有立即被採納。至咸豐三年戶部才議准推行鈔法，但名同實異，與王茂蔭最初主張完全不同；戶部方案在集中現銀，王的主意却是讓商人可以隨時兌現！他對戶部方案曾再三表示堅決反對，沒有被接受。其後施行這一鈔法的結果是絲毫「無補時艱」，而王茂蔭却被朝野人士指斥爲這一「行鈔法」新法的負責者，怨恨集於一身，旋被調任兵部，使他和新幣制脫離關係。

王茂蔭的遭遇，可以說和國史上若干推行新法人物的命運是大同小異：「遠識」總是被「短見」扼殺的。但他後來又被起用，可說是幸運了。並且他的這一主張，在當時曾引起國際間的注意，馬克斯在「資本論」第一卷第一篇第三章中就曾提到這件事——抗戰前，有人用幾種不同文字的底本「資本論」翻譯成中文時，對於書中"Wan-Mao-In"原名是什麼竟不知出處：「萬卯寅」？「王孟尹」？「王猛殷」？莫衷一是；最後才經一歷史學人指出他就是王茂蔭。由這一事例可以概見：外國人是如何注意中國的事情！而我們國人是如何昧於「知己知彼」！國事敗壞，這應該是一主要因素。

除開上述「行鈔法」主張以外，王茂蔭再三提出反對當時科舉制度的意見。他堅決主張科舉制度必須改弦更張：盡去重小楷重文義的積弊，注重策論——基於下列五項要點命題：博通史鑑、精熟韜鈐、制器通算、洞知陰陽占候、熟諳輿地情形，才能選拔濟世實用的眞才。這比較馮桂芬改革科舉的主張還要早，李鴻章、康有爲的意見自然更在其後。因此，王茂蔭被當今歷史學人贊譽「他的見解和立論是超時代的」。

王茂蔭的奏議，其門人易佩紳曾於光緒時刊刻於四川藩署，計御史任內爲「臺稿」三卷，太僕寺卿任內爲「寺稿」二卷，侍郎任內爲「省稿」四卷，起用後爲「續稿」一卷，其後又在蘇州刊刻「補遺」一卷，計共十一卷。這一刻本，在臺灣省境各圖書館均沒有收藏。就美國國會圖書館印行的「淸代名人傳略」（Eminent Chinese of the Ch'ing Period）中沒有提到這一書名和王茂蔭姓名看來，新大陸各圖書館中可能也沒有注意搜求。今特就國立中央圖書館藏手鈔本影印，藉使這一位在中國近代史上具有超時代見解人物的言行能引起更多人的注意和研究。

蔣復璁

中華民國五十四年元旦於台北市

少宰王公奏議序

自古國家當中興之運。必有碩德重臣以紆謨於內。忠亮之士。賢智果毅之將。以宣力於外。然後能剷除姦凶。削平禍亂。以成底定之功。然而天之愛人國也。亂之既厭。國已豫任人才。持危扶顛。以拯生民于水火。而方其未亂之先。將亂之始。尤必生深識遠慮之人。使之正色立朝。危言極論。不顧生死利害。以消弭姦孽于初萌。固不待火之燎原。水之大決其防。而始爭救之也。惟其時禍尚未見。或已見而未甚。則其言雖切。而難于見用。或用之而已後其時。於其禍不可遏止。然而天卒眷戀我國家。而開中興之運者何也。蓋觀我人君之于諫臣。雖一時未能屈從於己。而終禮貌之。榮祿之。或優詔答之。曾未嘗以己爲禁。則即此已足養正氣而培國脈。以上契于天心。而碩德重臣忠亮之士。矣智果毅之將。所以甘委身致命。卒爲之輔成中興之業也。我

朝平天下。積德累仁。二百餘年。郅治之隆。邁于往古。而優禮大臣。容納台諫。則尤爲漢唐宋明之所不及焉。咸豐初。

文宗顯皇帝。慨然有志于三代之治。

詔中外大小臣工。皆得進言。一時忠謨讜論。莫不有犯無隱。

文宗往往手詔褒嘉。驟加擢用。一二年後。往往多以外任去。

左右者寖稀。時獨歙縣王子懷先生為侍御史。抗直敢言。當是時粵賊方熾。而撚匪回逆及夷人之禍。尚皆未起。先生于是自君德人才兵政餉務。下至圜法之利害。各省之形勢。小民之困苦。無不朝晰夕籌度。廢寢殫誠。先事而為之防。後事而為之救。一言之不效。則再三言之。而于警天戒。卹民隱。振興人才為有用之實學。尤反覆至千萬言。

文宗嘗虛心聽納。不數年擢至卿貳。先生益感激

恩遇。奮憤忠諫。天下之事。知無不言。久之自以為國大臣。而言不

補于世。思慮過甚。得心疾。不得已遂毅然辭位以去。然拳拳忠愛之念。痌瘝之懷。固無須臾不在

君國也。今

皇帝嗣位。首舉

西宮

皇太后懿旨。正二三誤國者之罪。復

詔起老成碩望大臣以為補弼。于是先生受

命復出為都御史吏部侍郎。是時內姦既去。粵賊漸平。夷人已就撫奉和約。天下之人。皆以為已治已安矣。先生獨憂盛危明。

屢數上言以深杜漸防微之慮。而手警天戒。卹民隱。振異人才。爲有用之實學。仍反覆懇切以陳之。蓋十餘年來。忠言至計。始終一節。出處進退。介然不苟。未有如先生者也。豈非天心眷戀哉

國家。特留元老以佐中興之治。謂先生天性篤實。似司馬溫公之爲人。同治四年。以丁繼母艱回籍。僑居安慶。宗誠因得讀其奏議四卷。見先生每言及國事。則泫然泣下。思

先帝則哽咽不能出聲。以爲諫臣陳奏。皆

文宗皇帝之至仁如天。能容受狂言。故敢積竭其愚以報也。宗誠聞之。

益嘆我
國家中興之運。其培之也厚。故享之也必久。而先生忠誠之德。
尤為不可及也夫。後之讀斯集者。毋徒惜先生之臣不盡用。
而思先生之所以侍臣。則真知先生之心。而亦可因是以上
見天心也已。後學桐城方宗誠謹識

敬籌振興人才以濟實用疏

奏為敬籌振興人材以濟實用，恭摺具奏，仰祈

聖鑒事。臣維治平之道，在用人理財二端，而用人尤重。用非其人，
財不可得理也。顧用人必貴得人，而得人尤必先敎作人。作
人在培養天下之聰明材力，而鼓舞振興之，俾務為有用之
學，以濟用也。聰明材力，世所不乏，務於有用則用濟，如務
於無用則用不濟也。欽我

國家雅化作人二百餘年，教養之方，選舉之法，至詳備矣。乃立
法本善，奉行久而寖失其真，積習相沿，揣摩工而遁以成俗。臣

竊見今日之聰明材力，悉專致於摹墨卷、作小楷，而深惜其無用也。自來非常之才，有不必悞學出知者，然悞學出知千百，而悞學出知一二。即後漢臣諸葛亮，亦有學須靜，才須學之語。今一專功於墨卷，則群書遂束之不觀；專功於作字，則讀書直至於無暇。二者之廢學，以作字為尤甚，而士子之致力，則小於作字為尤甚。今合天下之聰明材力，及自幼而握管濡毫，尚少得濟實用。臣聞上年

皇上特詔廣臣之時，內外大臣亦深以士習空疏為無用，于教育人材、挽回風氣，疊有奏請。顧其教育挽回之術，臣未多責之

教官議者亦逐責之教官文士子方見墨卷也指為樣棠之
擬程雖教官日督以實學亦復何益所理所令反其所好民
不從也誠能使庠序之士咸務實學必先使選舉之士皆屬
真才是在我
皇上于各途考試之中嚴以覈實于各途考試之外更切旁招使
有才者不終淹而無才者知戒偉然遂而承平日久人皆狃于故
常習于便安以所更為多事以遠慮為迂圖而議者必理
國家取士之制自來不易名臣循（使咸）出其中曾無乏才之慮豈至
今日而猶待他求但將定制申明自可無庸更議于安常處

順之時為老成持重之見此亦豈不誠然然而臣見今日之
天下似未可作晏然無事觀也外則英夷之禍心包藏而未
知發于何日也內則粵省之賊勢滋蔓而延以至于今日也
山野則有匪河海則有盜隱匿諱飾所不能盡每月或數聞
至治鹽而鹽之利未可必興治漕而漕之費未能盡革治河而
河決又見告矣此猶得謂無乏才之慮乎且臣嘗見夷務亟
時
成皇帝詔訪才能出衆深通韜略之材而下無以應矣夫急而求之
緩而置之此孟子所謂苟為不畜終身不得也臣嘗又嘗見

內外臣工。每遇盤錯。輒曰、無法。夫
國家既以重賴臣工而羅異之知。為其有法耳。君皆以為無法。
即何不思訪求有法之人而用之。為天下得人難。誠能訪求
有法之人。蓄以待用。似既設法。以振興之。使天下之聽聞材
加咸務於有用之學。不可聰明材知。誤用可惜。真實經濟
固為難。但今之振興之。猶慮恐緩。似不宜仍守相沿之積習
而為整頓之空。且百年之計。莫如樹人。臣自恨淺陋。無策以助
國家作人之化。謹就管見所及。不揣冒昧。敬擬五條。為我
皇上陳之。

一諭御会試務期覈實以拔其才也定例郷会試頭場制義
試帖二三場試以経文策問原欲于明理之中兼求淹貫
経術通達治体之才年來近时考官專取頭場首藝二三篇
但能通順二三場苟可敷衍均得取中以故近來各省刊刻
闈墨首藝尚有二三十篇次三藝已屬寥寥至経策多不刊
刻是考官明示士子以為无足輕重也磨勘官于頭場文藝
間有簽議而二三場則绝少是磨勘大臣又明示考官以為
无足輕重也夫不重経策何以辨学之虚實該
飭諭考官自下屆郷会試起務以経策並重非経策能出色知不

得拔登魁選入魁選者即刊刻以為多士程式並將此意令各直省學政散發即以宣示俾士子早知向學文字例策題以三百字為率而對策每篇滿三百字即可中式空疏者往往就題敷衍便可完卷請嗣後策題限以百餘字為率用杜敷衍之弊抑臣更有請者聞道光二十二年兩廣總督祁𡎴奏定通考選舉選拔真才摺內于策問五道請定為五門發題曰博通史鑑曰精熟韜鈐曰製器通算曰洞知陰陽占候曰熟諳輿地情形以士子兼通為難專門較易但從前本經之例于冊內分别填註議雖未行論者多謂切中時務實足援

擬取真確請
飭令部臣檢錄原奏進呈恭候
聖裁
一請
殿試
朝考務重文義以式多士也上年御史戴絅孫候補京堂張錫
庚奏
殿試不宜專尚楷書並請刪去頌聯奉
旨交禮部議奏嗣部臣于楷書一節似未議及頌聯一節亦第將

旧例申明。令貢士敬謹遵照。俾浮華之黜。而實學不致淪遺。
夫士子趨向。視乎去取。黜浮華。拔實學。自由讀卷大臣伏讀

乾隆二十五年

上諭。廷試士子。為掄才大典。向來讀卷諸臣。率多偏重書法。而于策文。則惟取其中無疵纇。不礙充選而已。敷奏以言。特為拜獻覺〻先資。而就文與字校。則雖對策自重于書法。衡文尚待觀人。而閱卷時。竟先抑文重字。可乎。等因欽此。

聖訓煌煌。亦既深切著明矣。乃近年來

殿試

朝考之後考列前十卷與一等者但傳寫字體之工曾不聞以
學識優者考列在後之卷又但聞某句極劣某筆有誤曾不
以文藝黜者此士子既以書務作字也作字必在向勤而怠
工詩古文以荒蕪而不顧士習空疏實由於此請嗣後令讀
卷閱卷大臣勿論字體工拙筆畫偶疏專取學識過人之卷
進呈
欽定以後即將前十卷與一等卷取以過人處批明刊發使天下
曉然於
朝廷取重在文不在字庶士子咸知取向至考試之差以重因

司衡之選。使能學業素裕。而於衡鑑不迷。乃臣聞考差者多
於詩賦字畫之工。而文藝似可不講。考官如此。士子可知。制義且
然。策問更可想見。請令閱卷大臣。一併以文義為重。庶幾傑
按。真知。
一請選拔歲貢以勵人才也。定例各學歲貢。以食餼年久者
挨補。每次一正二陪。嚴加考選。正貢不拘。惟取陪貢及次陪。
於挨序之中。仍寓選拔之意。務取明通淹貫之士。將原卷解
部磨勘。有文理荒謬者斥革。法至善也。今則但以正貢充補。
而所謂取陪貢及磨勘。皆具文矣。查各學歲貢之中。有十之

年一考之拔貢。有三年一屆之優貢。士之得與者。拔鄉試頗
難優僅。蓋鄉試僅憑一日之短長。而優拔必較歷考之等第。
士於歷考皆列前茅。則於學有素矣。請飭令各學政於該
學當貢之年。就各廩生中。較於歷考等第。以考列優等最多者
充貢。查廩生由食餼至出貢。約須歷歲科試十餘次。二十餘
次不等。應將歷過五次以上者比較。未歷五次者不與。庶俾
進身由。而廩生食餼以後。益知奮勉。貢成均者。皆得及時造
就。即將來選授教職。亦不致有荒疏衰老之員。
一請廣保舉以求真才也。上年曾奉

特旨命內外大臣各行保舉矣然既保舉皆已登仕版之員而草野未及夫已登仕版則才具經有表見之時若伏處草野或拘以制義或力難應舉則雖有懷奇負異之士恐終淹沒擬請令各省州縣並教官留心察訪或博通今古才識非常或專門名家精通一藝或膂力過人膽勇足倫查訪驗的實無論士民惟于學政按臨時備文將該生所長申送考試學政就所長考試得實文則奏明送國子監武則奏明送督撫標均許官給盤費廩餼國子監與督撫標考試一年果有過人之能奏明送部引

見隨材酌用不稱者發回原籍州縣教官與民最親訪察試驗既
易真確學政考試猶在一時國子監與督撫標則嫻以一年
才之真偽斷難朦混抑臣更有請者進兵受上賞既進果有
才能名視其才能之大小酌予議敘以示獎勸倘既進漫無
一長則必加以議處以杜干請之弊夫才不世出原不敢謂在
在之有其人然臣聞英夷初至浙江野人有獲其大船者有
獲其頭目者現在廣西團練士民亦有能出力者則不得謂
在野之無才也天下之大安得無才在地方有司之留
心訪察矣耶

一諸造就宗室八旗人才以濟實用也從來立法必先貴近
貴近者四方之所觀法也我
朝以神武開基彼時宗室八旗將相林立文能安邦武能定國
戰無不勝攻無不取用能威震四夷動垂萬世曾不屑以筆
墨矜詡乃近日宗室八旗之人往往沾染時習或以吟咏誇
風雅或以書畫競品題此風沿染日深誠恐筋力懈弛日趨
柔弱一旦有事何以副
國家之任使伏請嘉慶二十一年
上諭本日特召見皇子軍机大臣等明白宣諭戒八旗滿洲首以清

語騎馬射為本務。其次誦讀經書，以為明理治事之用。若文藝即

非所重。不學亦可。是以皇子在內廷讀書，諸凡學作制義，恐

於文士之所為，俾以端本務實，示所趨向。等因欽此。仰見

聖慮周詳，至深且遠。臣見宗室八旗，類多過人之資稟，誠能務於其

大，講求兵機將略，以為腹心干城。即科第文章，曾不足貴，何

論雕蟲小技。應如何造就而振起之。非小臣敢妄擬。惟賴

我

皇上聖神妙用，俾以有裨實用為貴，徒尚虛華為恥。將見人才蔚起，

追美乎

國初之时。而四方闻风。亦必争自濯磨。求为有用之学矣。

以上所擬五條。臣為振興人才以濟实用起見。是否有当。伏乞

皇上聖鑒训示。謹

奏。咸豐元年九月十九日上。二十四日奉

上諭御史王茂蔭奏請振興人才。酌擬五條呈覽。内請造就宗室

八旗人才。歷陳近来積習。自係实在情形。我朝人才蔚起。宗室

八旗。文武謀畧。超越前代。良由習尚淳樸。不尚浮華。以清語騎

射為本務。登進之途。原不必盡由科甲。蓋学為有用之学。斯才

皆有用之才。近来文風日盛。留心經濟者固不乏人。第恐仍染

时習。以文章風雅自詡。不思講求本務。殊非崇實黜華之道。迭經朕申諭諄諄。我宗室及八旗大小臣工。務必咸諭朕意。嗣後益當奮勉砥礪。求為有用之學。以備國家腹心干城之選。誤愛王大臣等。尤當因才造就。俾文事武備。各盡其長。毋負朕培養教誨之至意。餘著禮部議奏。欽此。

此疏實當今振興人才要道。讀者無徒羨其痛常積習。如須賞其救正。如著實而行。中間識歎使庠序之士。咸務實學。必先使選舉之士。皆屬真才。斯濟。蓋通篇主腦。

石埭楊德亨謹識

敬籌試行鈔法以濟實用疏

奏為敬籌濟用以備採擇恭摺具奏仰祈

聖鑒事。臣維用人理財二者，固相本末，然當務為急。今日之需才急矣，而理財亦正不容緩。粵西之軍務未息，河工之待用尤殷。

國家經費有常，豈能供額外之用。于是部臣又有開捐例之議。夫捐例之弊，人皆知之，豈部臣獨不之知，而為此議耶？不得已也。臣觀自漢以來，不得已而為經國之計者有二：一曰鑄大錢，一曰行鈔幣。二者之利同，而其難以經久亦略相似。然

臣

嘗考鑄大錢始漢元鼎迄明其歲數矣曾不三五年即廢

鈔幣之法昉于唐之飛錢宋初因之置便錢務可考知至道

末商人便錢百七十餘萬貫天禧末增百二十三萬貫計其

流通已三四十年交子之法自天聖至大觀行之七八十年

會子之法始自紹興終宋之世有元一代皆以鈔乃明

沿用之至宏正間始廢蓋通行百有餘年是鈔又不能久中

之尚可久者也臣見往年議平錢便內外臣工多為鑄大錢

之說因私擬為鈔法以為兩利取重兩害取輕計鈔之利不

啻十倍于大錢而其弊則亦不過造偽不以而止

國初造鈔。歲十餘萬。以之亦經十年之久。故以也。所以補相支不足。故止也。所以裁成支有餘。

聖神妙用。百世可師。濟用。權宜。似莫。踰于此。顧臣雖擬之久。而不敢上者。誠恐奉行不善。轉為法累。易。可。乎。需。自。不必。乃。若為不得已之計。則開蒐之愚。似宜陳之。以備採擇。庶是不揣冒昧。發將所擬鈔法十條。恭繕進呈。伏乞

皇上聖鑒。

一推鈔之弊。鈔之利。自不待言。行鈔之不能無弊。亦人所盡曉。然知有弊。而不能實知弊之所生。知弊之所在。而不能立

法以破除之。則鈔不行。向嘗深思切究。即古來行鈔之弊而
詳推之。蓋有十八端。一則禁用銀。而多設科條。未便民而先擾
民。二則謀擅利而屢更法令。未信民而先疑民。三則有司喜
出而惡入。適以示輕。四則百姓以舊而換新。不免多費。五則
紙質大輕而易壞。六則真偽易淆而難識。七造鈔太多。則壅
壅滯而物力必費。八造鈔太細。則瑣屑而詐偽滋繁。九則官
吏出納。民人疑畏而難新。十則製作草率。工料偷減而不一。
誠能舉此十弊去之。先求無累于民。而後求有益于國。亦可
以議立法。

一擬鈔之值。元以前未嘗用銀。故鈔皆以錢貫計。今既貴在銀而不在錢。則鈔宜以錢銀兩計。過重則不便分。過輕則不便于整。請定為兩種。以十兩為一種。五十兩者為一種。十兩以下。則可以錢便之者也。十兩以上至數十兩。則皆可以十兩者便之。百兩以上至數千兩。則皆可以五十兩者便之。若平色則以足色庫平為準。既以便上庫。亦以便流通。蓋即仿現在庫餉錠式。以免瑣碎參差之弊。

一限鈔之數。鈔無定數。則出之不窮。似為大利。不知出愈多。值愈賤。明除鈔一貫至不值一錢。于是不得不思責民納銀

以易鈔。不得不思禁民用銀以行鈔。種種擾民。皆由此出。宋
紹定五年。兩界會子多至三億二千九百餘萬。此所以不行
也。宋孝宗曰。會子少則重。多則輕。此鈔法之樞要也。請仿
國初之法。每歲先造鈔十萬兩。計十兩者五千張。五十兩者一
千張。試行一二年。計可流通。則每歲倍之。又得流通。則歲又
倍之。極鈔之數。以一千萬兩爲限。蓋
國家歲出歲入。不過數千萬兩。以數實輔一虛。以之斷限之
以制用。鈔以輔銀。而非舍銀而從鈔。庶無壅滯之弊。
一類。鈔之製。自來鈔多用紙。故有楮幣之名。既易敝爛。尤

易造偽。今擬仿古並用幣之意。請由戶部立一製鈔局。先選
織造妥工人。以上等蠶絲織。以部照之式。分為兩等。方尺有
五寸者為一等。方尺有二寸者為一等。四圍篆織花紋。花紋
中橫嵌大清通行寶鈔六字。滿文于額。直嵌大清寶鈔天下
通行八字漢文于兩旁。按每歲應製鈔張數造辦。以方尺五寸者
為庫平足色紋銀五兩。方尺二寸者為庫平足色紋銀十兩。
選能書吏。于鈔中滿漢合璧。作雙行書。每年擬定數字。每字
一千號。編為一簿。鈔之前。按簿上每張填某字某號。鈔之後。
書某年某月日。戶部戶奏准大清寶鈔。與銀錢通行使用。偽造

者斬。告捕者賞銀若干兩。仍給犯人財產。誣告者坐。皆漢書。再請飭另鑄大清寶鈔印一顆。于中間滿漢文銀數上。鈐以印。前某字某號上。鈔兩傍鈐騎縫印。鈔質必厚實。如上等江綢。篆文必細緻。滿漢書必工楷。一律。印文必完整。印油必鮮明。監造各官有草率不如式者。治以罪。禁民間不得私織如鈔花樣。有犯必懲。再請飭于制鈔局。特派一二有心計之員。另處密室。于每鈔上暗設標識數處。外設標識。惟此一二人知之。仍立一標識簿。載明每年之鈔。標識幾處。如何辨認。封藏以便將來檢對。其標識按年更換。以杜窺測。一切均不得假

手書吏。以防滲漏。如此則造偽甚難。辨識甚易。偽造之弊庶
幾可杜。且綢繆較早。經久。亦不致遽虞散爛矣。
一、頒鈔之法。立法必自京師始。如部中每歲製鈔十萬。請先
以一萬。分頒五城御史。令傳集內殷實之銀號。當堂將鈔酌
為頒發。取具領狀。由城移送銀庫。銀號領鈔。准與徵利。每庫
平五十兩者。止令繳市平五十兩。庫平十兩者。止令繳市平
十兩。限年領鈔。次年次月。隨同庫上收捐時。將銀繳庫。銀號領
鈔。須許加字號圖記花字于鈔之背面。聽各處用以憑准。是
與。捐生。作為捐項。與鈔各半上兌。餘鈔九萬。酌分各省直大部會

及东南两河。交各省督抚。饬省会州县。发交钱粮银号。银号钦钞。亦照京城准、与、微利。库平止缴市平。将银于次月缴纳各州县库。钦钞之银号。亦准加字号图记于钞之背面。听各处以用。并许为办解钱粮与、银各、半、解司。其有无钱粮银号之州县。或交官盐店。与典铺。凡京城之银号。自多揭生兑换。外省州县之银号。有专为办钱粮。盐店典铺。亦皆与安吏较视。倘书吏再有需索之弊。许该生银号等。指名呈究。该管官即严以惩办。庶几民情无所疑畏矣。

一筹钞之通。京城发银号之钞。许捐。生。兑。作。捐。换。则。钞。亦。归。

于部庫，庫上每月應放款項，除零星散數不可給鈔外，如數在數十百兩以上者，部庫均可酌量以鈔搭放。凡領鈔者，如兵餉馬乾不便分析，即可向銀號兌銀散給。鈔上有銀號圖記，如他銀號未曉，即向原加圖記銀號兌換。但屬方便，該銀號收鈔，仍可為兌與捐生之用。外省發銀號之鈔，許其解京地丁，則鈔仍歸于藩庫。該省每年應撥放款項，該藩司酌量以銀與鈔各半發給。領鈔者均令就各州縣錢糧銀號兌換。該銀號得鈔，仍可為辦解錢糧之用。在各該銀號以銀易鈔，既聽各受，以周。且可為捐生上兌捐輸、辦解錢糧，並無苦累。

如或故意勒措，不肯兌換，或兌換扣減，不肯如數，許民人指
控，治之以罪。凡民異與官吏交而不異與銀號交者，以此而疑
異之弊益除矣。
一、廣鈔之利。鈔法行之自上，原不強民，然利輕齎與以遠乎。
成色與重輕較之金銀，于民為便。內而順天府五城，外而督
撫州縣，令出示曉諭，使民咸知此意，聽民人等向銀號兌換
行用，並聽為隨交上納錢糧兌換銀錢之用。再請飭發鈔式
直省會州縣，而收鈔則凡天下州縣，必令于城內立一收
鈔銀號，與論本地異鄉民人，有持鈔呈兌，或作交錢糧，或兌

換鈔錢。均印如數兌交。各州縣兌收鈔後。均可為办解錢糧之用。如以鈔數年。而州縣有並無鈔解充地丁者。是該州縣办理不善。使鈔不得通手該處。該督撫查明。即以参處。京外各以鈔銀號。均飭手招牌上加鈔字。有持鈔至者。均投兌換。毋許抑勒。各州縣解藩庫者。均令于鈔正面之旁。注明某年月日某州縣某解。至民間輾轉流通。均許背面記明年月。收自何人。或加圖記花字。遇有偽鈔。不能用鈔之人。惟究鈔所由來。遞層追溯。得造偽之人而止。如此而民無用鈔之苦矣。

一換鈔之法。部庫令一人專司鈔之出入。每收鈔時。必詳審

鈔之正反面。不必待其昏爛。但令鈔之背面圖記花字。注寫
署已將滿矣。即付送製鈔局。各省收鈔。遇鈔。似此矣。即作解
項解庫部。之庫亦即付送製鈔局。使民間無換鈔需索之慮。
各省解部矣。亦令于鈔正面之旁。注某年月日某省解。鈔局
于原製簿上对明年月字号。注明某年月日銷。將鈔截角。另
貯一庫。遇有偽鈔。便可对明。如係已銷之号矣。而尚有未銷之
鈔。則取當年製鈔標識簿覈对。前後兩鈔。何者真偽。立可辨
混。按偽鈔背面各圖記。追究由來。則造偽無不破矣。
一嚴鈔之防。制鈔印鈔各法。既不力思防弊。雖懸法久而弊

仍生。再請法以之後。不得另有更張。致民觀聽惶惑以壞法。
造欽之制。不得增減工料。致失本來制度以枉法。民人有偽
造者。印照欽文治罪。不得輕縱。以枉法。如是而枉法之弊。庶
几可杜。宋臣韓祥有言、枉檔弊者。止緣變更。救拯弊者。莫如
收減。增添料貲。寬假工程。務極精緻。使人不能為偽者。上也。
禁捕之法。厚為之劝。嚴為之防。使人不敢為偽者。次也。是臣

莫如收減句疑有誤字

得以欽之精意矣。
一收欽之人。自來法立弊生。然生於法。實生於人。厥生弊之
人。商民為輕。官吏為重。商民之弊。官吏可以治之。官吏之弊。

商民不得而違之也。今于商民交易。雖力為設法。不輕經官
吏之手。既官吏果能牟利。從而需索抑減。亦復何難。商民兌
銀換。一有抑減。即不敢用。將使虛名徒懸。而利不通于上下。
論者因以為鈔不可行。似非鈔之不可行也。保甲社倉。良法具
在。苟非良吏。亦終不行。是豈法之過與。州縣得人。則商民奉
法。督撫得人。則官吏奉法。是在
聖明洞鑒之中。又不獨鈔為然矣。惟是明良即濬。理鈔不可以。以
用之在乎權也。故行鈔尤貴稱提有法。稱提之法。則在經國
大臣相時之輕重。而收發操縱之。庶乎可以經久。

以上酌擬十條。第就管見所及。牽涉大綱。請
旨飭部院大臣詳悉妥議。以可施行。再令部臣詳定節目。臣爲急
籌濟用起見。是否有當。伏乞
聖鑒訓示。謹
奏。咸豐元年九月十九日同前摺上奏
硃批大學士会同戶部議奏。欽此
鈔法十條。道盡利弊曲折。吾。儒。窮。盡。事。理。固。宜。如。此。
學尚徒講統體。以爲獨契本原。此不憚煩。無濟實用。其
實。細。密。處。有。冗。即。說。不。淆。統。體。處。無。虧。如無是之
戲。既。已。無。是。豈。復。可。謂。之。戲也
石埭楊德亨謹識

第三條中以數實輔一虛行之以徵限之以制用鈔以輔鈔而非舍鈔而従鈔數語。十。條。要。義。皆。従。此。推。出。

亨奴識

再陳振興人才部議未盡疏

奏為部議尚有未盡。謹按實指陳。恭摺奏祈

聖鑒事。竊臣伏見

皇上御極以來。精求治理。集思廣益。凡閱各部事件。均令詳悉妥

議。並曾欽奉

諭旨。如。既。議。有。未。允。協。原。可。按。實。指。陳。仰見

聖心虛衷採納。精益求精至意。臣前于九月十九日恭上一摺。奉

上諭御史王　奏請振興人才。酌擬五條。呈覽。並請造就宗室

八旗人才。歷陳近來積習。自係實在情形。我朝人才蔚起。宗室

八旗文武謀畧。超越前代。嗣後益當奮勉砥礪。求為有用之學。以備國家腹心干城之選。毋負朕培養教誨之至意。餘著禮部議奏。等因欽此。嗣準上月禮部覆奏。逐條均為核議。臣因竊取禮部之摺三復之。于臣所擬之條。雖經指駁。而于臣所奏之意。均未之及。覺部臣之議。尚有未是。有不得不披實指陳者。

伏思

國家大計。莫要于得人。臣自見吏務之日。十餘年來。在在均有難得其人之患。殊勞

九重宵旰。因思天生一代之才。以供一代之用。惜古不聞借才異

代何至今而才難如此為之推究其由實則天下之士未嘗
乏才智才智之士未嘗不勤學第其學專務摹墨卷作楷字
以取科第遂使聰明徒耗經濟不聞士子有苦功而
國家無實用臣深為士子惜尤深為
國家惜不自揣量冒昧請設法以振興之惧議者不察而以為
無庸議也因酌保之才之處惧易专不力而仍視為具文也
因酌擬覈實之方部臣議此似宜將臣所推之才之由審其
是非所保之才之處審其虛實然後通籌熟計于所擬覈實
振興之方審其當否今置臣奏于不議而專議所擬之條是

弦猶不足服証。而指藥性之寒熱溫以。為未可輕用知。夫部
臣之議。理有弊耳。天下何事是弊（無）之有。即現以科舉法言之。
鎗冒有弊。傳遞有弊。隨通關節有弊。此皆歷犯有案者也。然
國家第就案辦案。何嘗因而廢科舉。是固未可因噎廢食之
見也。且即部臣所稱之弊。亦似有未盡。臣請更為我
皇上陳之。部臣之議策問五門也。稱士子淹博有素。不必專門名
家。若拘定五門發問。無論枵腹之士。得以一知半解見長。且
剿襲雷同之弊叢生。等語。臣惟方今所慮在乎人和。而所急
尤在將才。慨自英夷犯順。薄海同仇。勞師數年。乃成撫局。此

况為臣子臥切齒也今雖暫就覊縻而其豺狼之性鬼蜮之
情必且為患于異日不預蓄材以待之然此猶曰患未形
也若粤西小醜至以首捕督師別將帥無人而共見矣此之
不圖何以為國臣見巴按督臣初填之奏遴拔真才也以為
非期于武備收得人之效必先于武備開取士之途因于鄉
会試第三塲策問請改為五門發題所士子各習一門曰博
通史鑑曰精熟韜鈐曰製器通算曰洞知陰阳占候曰熟悉
輿圖情形凡皆為武備計也天下無不学而知不学而能之
人而

朝廷不以是為取士，必不以是為學。查初頃當日身為粵督
目擊戎務情形。又值
宣宗成皇帝有訪求才能出衆保通韜略之詔，恨人才之罕覯，思遴
拔之務，冀因而設為此法，于既以科舉之中，使各習專門之
學，以期武備日漸得人，因時制宜，實為切要。議格不行，論者
至今惜之。臣以為欲得將才，舍此更無他法。因有檢錄進呈
恭候
聖裁之議。若如部議，理士子淹博有素，而不必專門，則韜鈐一門
自在淹博之內。何以當日奉

詔訪求之時現在軍務未息之際不聞舉而出之以滅賊者名為應
十餘而實鮮財長似又不若專門之可濟用矣至于剿襲雷同
之弊誠亦難免然試令該部隨舉各科策問之卷校之揣歟
襲雷同亦豈遂少且查歷科以此弊斥革之案尤多在舊場
制義習未聞該部如何置議此皆未盡如一也部臣之議廣
保舉也稱文武各有鄉會試並有優拔貢以伍等出身凡才
學出衆武藝精通者國已甄拔無遺等語伏讀雍正六年十
月
世宗憲皇帝上諭在京官大學士以下主事以上外官督撫以下知

縣以上每人各舉一人除現任知縣以上官員不必保舉外或係
舉貢生監或係山林隱逸果有品行才猷可備任使之即親戚子
孫亦不必引避嫌疑令內外各官皆得援實保舉普同欽此仰見
聖謨廣大深慮野有遺賢至意因思人才各異宋臣司馬光有十科
之議朱子有七科之議皆當觀天下之勢而為之法臣愚以
有廣保舉之請因將以求遺佚也而意尚不止此自來材賢
稱述人之必不甘與賤困泥役以終老乎深山窮谷而又必
不使居守八比騎射之範圍以干仕進勢必流入邪途今家
天下一家凡有材傑固皆我

國家之赤子也，脫而赦之，即皆赦

國家之將士也，何忍棄置不顧，聽其自干誅戮？為天下收一有用之材，即為天下控一已駕之馬，似無東而為不知。若此部議稱才學出衆，精通武藝矣，雖技與遠措，毋乃有同于對是矣。且臣毋擬保舉之法，由州縣而學政，而督撫，亦既遞有考覈矣。今部議稱州縣教官人數衆多，或衡鑒未真，遽登薦牘，或掄揚太過，徒作風聞，未收網羅英俊之效，徒開夤緣奔競之門。茲語伏思州縣教官，人雖不一，而其自顧考成之心則一。今既進得人有賞，否則有罰，品誼虛而材藝實，一經考識年不立見，豈能妄為朦混。況州縣教官，以訪求的實之才，申送學政考試，不過以考送一二童生，果若衡鑒未真，掄揚太過，學政立黜之，安得登諸薦牘？而學政考取送國子監與督撫標，亦不過以一二文武生員，不稱則發回，何嘗遽許官之，而營緣奔競也。至于國學與督撫標考試，期以一年之久，而猶不得秀才之虛實，妄為奏請錄用，則是國學與督撫標無一而保任之人，熊臣之賢否知矣。此部議之未盡妥又一也。何正之倣武舉科舉中鼎甲，以習武備之學盛于科舉，然收林藝以從武備之選，寔為方今急務，及今行之，而收效已在

十年之後。失今不改。恐他日徒為頗收之患。伏願
皇上宸衷內斷。為長治久安之計。天下幸甚。至該部所議、經、策、並
重、一條。稱經、策、並重、而制義、荒疏、亦得倖邀中式。與取士之
法未合。等語。竊謂制義必原本經術。故又謂之經義。經文既
能出色。制義似與荒疏之理。竟使有之。必務實學而不屑為
庸爛時墨之人。通經學與作時文。其為難易。人所共見。
國家取士。亦欲其通經以致用耳。似未見其未合也。部議、務、重、
文義、一條。稱
殿試

朝考之卷。進呈
欽定以後。礙難再行加批刊刻等語。似亦識然。然鄉会試前十卷。亦予進呈後刊刻。
國初馬世俊繆彤諸臣之策。亦且載入
皇清文穎。是刊示亦尚有法也。部議遴選歲貢一條。稱學問荒疏、精神衰老、率有不准濫充之例等語。今各省廩生。未必無荒疏衰老之人。而歷年歲貢未聞不准濫充之事。是定例未免徒懸也。凡此皆議之未盡。又其顯然。似可無庸深論。臣非敢為好辯。惟念現行之例。雖至周密。無奈相沿日久。徒有虛

文。即如從前士子祇習一經。今則通習五經。而考核實際。求

如從前之通一經者。亦絕少。名愈美而實愈虧。欲得真才。非設

法以使之必歸于實不可。即臣言不足採。似宜另籌良法。若

竟置之不議。誠恐虛名僅存。

國家終不能得實用。臣閱歷較淺。用是不揣冒昧。據實指陳。再乃

瀆奏是否有當。伏乞

聖鑒訓示。臣無任悚惶待

命之至。謹

奏。咸豐元年十二月二十日奏奉

旨留。

合前振興人才以濟實用，跡讀之，乃見此公實學，亦見此公苦心，惜不盡用，積習難返如此。

石埭楊法育謹識

請召募災區壯健習技之人以充剿賊之用疏附一片

奏為敬陳管見。恭摺奏祈

聖鑒事。臣竊思軍務、未息、河工、方停。二者最為目前緊要。惟徵客

兵至數千百里。無論其力不足恃。而財損已多。聚災民至數

十萬人。無論其情已可哀。而勢尤堪慮。現聞八旗揀選健銳

火器兩營勁旅。未見

諭旨。不知將作何用。而道路傳言。以為將、派、員、帶、赴、廣、西、勦、賊。君。

果。如此。恐。非。勝算。蓋健銳火器兩營。原以守衛

神京。一旦調赴勦賊。安家製裝以糧折乾等項。各有、財、費。而沿

途供給。水陸舟車。稽查約束謹嚴。究難免于騷擾。跋涉數千里。疲憊已甚。加以天時之寒暑不同。道路之險峻迥異。水土不服。烟瘴相侵。一人病患。人人危懼。雖稱奮勇殺賊。難免氣沮。以嘉慶初年。勦辦川楚教匪于南山之中。勒保奏云。健銳火器兩營。京兵不習勞苦。不受約束。征勦多不得力。距達州七十里。乃二日方至。與賊久留靡餉。藉為綠營輕視。請全撤回。京兵庸懦。調者日勒保親在行間目覩情形。既奏如此。今日之京營如故。而八旗子弟較前尤為脆弱。廣西更遠于川楚。道路更險于南山。調遣以往。誠恐犯徒無益。臣愚以為莫若

化心腹之隱憂為干城之上選現今豐北停工矣民數十萬
無所倚今年豐沛銅碭一帶自古豪傑挺生之地人民強健俗
尚競爭當此衆口嗷嗷羣情洶洶之際設有好事生釁從中
煽惑始以擄掠求生繼以抗拒救死公然犯法以逞雖無成
謀實能招禍加以毗連之鳳陽潁州陳州諸郡匪徒本多且
横尤恐聞風響應詎細故也伏讀
世宗憲皇帝諭旨各省中膂力出羣藝勇出衆之輩恐所在棄置無
用之閒地深為可惜令各督撫等召募揀選咨送兵部揀派官員
訓練教習以備軍旅之用等因欽此欽此查無事之時方將以為收

捻。人心之助。又乾隆年間。福建布政司伍錢奏云。人情少有
技能。必不甘于淪沒。果其膂力技藝可觀。心思材智出衆。顧
令鬱鬱之閭居。精神意氣。一無所用。勢必紛紜不靖。亦為無用
之民。已不可不早為安置。若果具桀驁不馴之氣。遁佐流離
失所之時。迫以窮餓。必死之勢。恃其猖狂無賴之垂。當此之
時。散之不能。撫之即變。誠有不可勝慮者。現值
欽差大臣往江南查辦事件。擬請即
飭令就便以調遣軍營之糧餉。召募其壯健。收捻其智能。其民雖
數十萬。除老弱婦女。以及愚蠢無用之徒外。智能者不逮數。

十壯健者不過數千編為一軍用以剿賊
國家多一有用之士即與國少一生事之人強而多智者漸奮
于功名之路愚而無知者自安于窮困之餘消患未萌轉移
也便不但京營勤旅可免跋涉之勞而此一支生力軍尤可
冀其感奮圖報立建奇功也臣愚昧之見是否有當伏乞
皇上聖鑒訓示謹
奏咸丰二年四月二十八日奏奉
旨留
再臣聞上年周天爵放

欽差時鳳陽潁州一帶匪徒聞之以為將至安徽斂跡不出者數

月是周天爵頗為強悍之徒所畏服今

欽差大臣由山東而江南到彼尚需時日恐成後著擬請

旨飭周天爵就近赴徐州或鳳陽借款先行召募以安人心俟

欽差大臣到時再行會同辦理臣管見所及謹

奏附前摺具奏

於數十萬災民中招募其壯健收拾其智能經

始安置災民之法先生大有作用

石埭楊德亨謹識

敬陈管見疏

奏為敬陈管見恭摺奏祈

聖鑒事。伏見

皇上臨御二年。求言之詔再下。又于徐继畬之奏。奉

旨嗣後有言責者。該臣惟當竭诚匡弼。朕亦虚懷納受。上以實求

求。下以實名。庶几宏濟艰難。俾佐理蒸蒸日上也。等因欽此。臣

職任言官。責在竭诚。而夙夜兢兢。惧蹈空言塞責激直沽名

之弊。又該臣既言。大端畧備。偶有所見。已屢經條陳。因敬擬為

諸臣四條。不揣冒昧。敬為我

皇上陳之。

一請密飭內大臣侍衛以息浮言也。

皇上御極以來。勵精圖治。夙夜不遑。凡在臣工。既共聞見。乃市井細民。时或私有論議。前奉

諭旨。宣示中外。並有止謗莫如自修之語。

皇上愛保宮中。閫修慎袪之本。表宜無不曉然于天下矣。乃近今數月。浮言似未盡息。夫如操辦梨園喜好音律之事。梨園之末。必能一人。既過之地。尤能一覽。豈能掩人耳目。今並影響全無。在稍有知識者。亦斷斷不信有此矣。而愚頑猶未盡解。

伏讀乾隆三年

高宗純皇帝上諭。大學士鄂爾泰等。朕自幼讀書。深知清心寡慾之義。上年釋服以後。雖身居圓明園。偶事遊觀。以節勞勩。而兢〻業〻。總攬萬幾。朝乾夕惕。惟恐庶政之或曠。此心未曾一刻放逸。每見廷臣動色相儆。亟不邇聲色之戒。尤未嘗一日去諸懷也。近聞南方織造鹽政等官。內有指稱內廷需用優童秀女。廣以購覓者。並聞有勒取強買等事。殊可駭異。該臣受朕深恩。不能承宣德意。使令名傳播于外。而仍以朕為必不肯為之事。使外間以為出自朕意。訛言繁興。該臣之所以報朕知。顧如是乎。是必有假託內廷

之名以惑軍人之聽聞爾等可密傳朕旨曉諭之倘果有其事
可速行懲辦如將來再有傳言朕必究問其致此之由也等因欽此
想聽當日之訛言殆與今類因思今日之傳言想亦有假託
內廷之名者臣愚伏願
皇上法
祖省躬益儆不遑聲色之戒並飭內大臣密行傳諭毋或妄有呈進
即如乾隆間時稱假託
內廷之名以惑聽聞斯傳言自以息矣
一請于軍機大臣責以重大而無攬瑣細也臣聞坐而論道

理之三公。作而行之。理之士大夫。昔陳平為漢相。兵刑不知。錢穀不対。文帝曰。以卿任何職。則曰宰相者。上佐天子理陰陽順四時。外鎮撫四夷。使卿大夫各得任其職。又聞唐太宗之責房杜曰。公為宰相。當須開耳目。求訪賢哲。有武藝謀略才堪將帥者。知任以辺事。有經明行修。立性明悟者。任以侍臣。有明幹清懿更事公平者。任以劇務。有学通古今識達政術者。任以治人。此乃宰相之裨益也。比聞聴詞訟。日不暇給。安能助朕求賢哉。由此思宰相之責。固自有其重且大者矣。顧昔之重且大者在宰相。今則在軍機大臣。

國家特設此任。原以贊襄密勿。參畫机宜。以補

皇上之用人行政。方今粵匪未平。河決未合。吏治不振。盜風不戢。人才不興。庶務不修。凡屬經

諭旨再三申儆。而未見興起者。要皆有所由然。此

皇上既宜以探本窮源。起靡振惰。責之軍机大臣。而亦大臣既宜引為己責矣。然而陳平惟不知錢穀。故能出奇計。房杜以訟日不暇給。即難助求矣。今軍机大臣。皆管部務。且有兼兩部者。一部之務。日恒近百件。若户工兩部事務。則日恒數百件。不覓而畫則心難安。覓而後畫則勢難徧。人惟神志寧靜。方能

樞係研幾惟深故能通天下之志惟幾故能成天下之務周
公之聖一日未合猶竭日夜之思倉猝以迫之繁瑣以擾之
縱所無遺慮難矣臣見往日臣章奏及外間議論或以天下多
故歸咎軍機大臣而不知交所任者實亦匯易伏思部中之
稿有須司員面詢斟酌定而後辦者則緊要事也有先辦而後
手畫者則雖閱文放而實照例者也有辦而後歸堂期者則照
制例以事也緊要之事日不過數件或十數件餘則皆例行之
事臣愚以為凡軍機大臣之管部務唯事關緊要須斟酌定者
司員必面回呈畫其餘照例手畫並堂期稿件有在署各堂畫定

可否毋庸從閱畫于部中瑣細之事少一分紛擾即于樞密重大之務增一分心力即逕直有餘閒或思樞務何者當有未安何者當有遺漏如古人之書君對人命以備進奏或接見宜屬採訪輿論俾察人才訪求吏治以備

皇上採用似亦翊贊謨猷之一助寬其瑣細正可責以重大是否

于樞務有益伏乞

聖裁

一請責臣工以令之必行也臣聞君主出令臣職奉令書曰令出惟行傳曰令重則君尊故凡人君發號施令惟當快捷

于未出之先不可拘格于既出之後

皇上于臣工章奏凡有裨國計民生者無不立見施行然而

皇上之誥誡雖極諄詳部議之科條雖極嚴密在

聖意之已見施行者在天下似尚未見施行也伏查道光三十年

詔求直言之後升任御史王本梧首奏浙省水師廢弛奉

旨通飭沿海督撫而上年之洋盜肆擾即在浙省升任御史黄兆

麟條奏營務積弊奉

旨嚴諭各督撫提鎮而營風之不加盜匪之紛出且見各省諸如

此數端雖以慾牽而更有至近而易見者如上年通政司羅惇

衍奏崇儉禁奢一摺

皇上諭旨亦至肫切矣禮部欽行規條已經數月矣而京城奢靡

之風有少易乎在禮部以為奉

旨欽行規條但將規條一頒告示一出即無餘乎在各衙門不過

添一層案牘多一番轄行乎風俗安有整頓此近在目前者

尚如此況地遠且大者乎臣以為凡此皆由臣工奉行之不

加乎奉

旨之初未嘗思行之法乎不行之故不更求可行之方何則立法

必貴能行有嚴而不行知如禁烟之不准評告而必定斬絞

是也有寬而不得苛以禁奪之但有規條而並無稽察是也
此卧理未嘗思能得之法也至于不得之故果能替得豈遂
無術而今則當聽之矣惟懷思所得之方未即能為一勞之惜
也臣實慚懼夫
詔令之得上下輕玩一至於此乎之皆過
朝廷力求整頓而臣庶若罔聞知也夫政治綱維端由
詔令令有不行則天下不可得而治且不行于遠猶可言也不行
于近不可言也伏祈顧
皇上首即一令姑自京師期以必行飭令該管衙門設法從期于

能乃玩乃必期于終效如奏乃不效必責令推求所以不效
之故別乃籌設如不效而飾奏有效一有敗露即嚴懲治自
近以及遠自易以及難一方乃然後四方可漸以一事奉然
後百事可漸奉而其要必端本于
宸衷之果斷而以信賞必罰濟之有所令則必行而後已有所
禁之則必止而後已日求所以振因循斯因循罔不振日求
所以破欺飾斯欺飾罔不破如是而一令之出臣工莫敢怠
忽黎庶莫敢輕玩而整頓庶几有基矣
一請嚴禁州縣假派攤以肥己也上年戶部奏請准商民出

貲助餉。此誠

國家保衛民生不得已之計。部臣亦深慮州縣抑勒。吏胥需索。行文各省。如有此項情弊。即行據實嚴參。於臣聞山西州縣。有藉勸捐為肥己之計。如富民願捐五百。必勒令捐一千。迨至遵捐一千、又止令書五百。其餘五百。但令繳納、不令登寫。明為公捐。暗飽私橐。省城大吏間有風聞。嚴加詰問。渠某某聞捐若干。何以止此。遂令繳足。在大吏意在責其入私者。記歸公。而所報明己。而州縣則更借上憲之責己者。以勒民而復令倍出。富民僅懼抗違。轉益係累。委曲隱忍。蠹國病民。莫此

為害。其餘或因繳捐項。勒出津貼。或得受贓私。免其抑勒。害
至抑勒已害。民有正縣堂自足。款數而免者。種種情形不一。
緣民多畏累。既不敢輕露地方人名。而事屬營私。又安怪得
其實在證據。是以未便指參。而既有此風聞。即難保無其事。
且山西如此。他省恐亦不免。如上月江蘇銅山縣文童周鳳
樓。亦控官用印帖派捐往捐費。私押斃命一案。在道光三十
年。彼時並未勸捐。尚有假公勒捐致斃人命之事。現在奉有
勸捐部文。官役更不知如何逼勒。又上月奉
上諭飭各省勸捐義倉。在

皇上以義倉之設最為便民善政不憚申諭再三且令體察地方
情形妥為籌畫原非強以一律辦理而各督撫或意存討好
則勢在必行各州縣或意在營私則民益深累伏念勸捐兵
餉現尚未集若復勸捐倉穀誠恐民力未逮且以東南各省連
年因災勸捐勸賑已極拮据尤恐辦理過易富民為地方元
氣地方多倚辦若不養其餘力則富亦立窮昔唐虞授受
不過數語而于四海困窮致戒之言伏乞
皇上嚴飭各督撫于勸捐兵餉務宜時訪察備州縣有抑勒貪婪
情事即以禁嚴參治罪于勸捐義倉務令體察情形如難同時

並希即乃奏明緩辦以副

皇上子惠元元至意

以上四條臣管見所及是否有當伏乞

聖鑒訓示謹

奏咸豐二年七月十四日奏奉

旨留

所疏四條第一條最難置辭妙在尋出乾隆年間

上諭做個引證所謂想見當日之謠言殆與今類因思今日之浮言

恐亦有假託內廷之名如立言是非者有體寬假許正冀其其雜納

也第二第三均關治平大體先生可謂深古大臣規模

石埭楊依亨謹識

秋審人犯情罪未當請飭詳議疏片附奏止捐納庠人生員一

奏為秋審冊內。擬緩人犯。情罪較重。請
飭九卿詳議。期無枉縱。恭摺奏祈
聖鑒事。伏惟近來問刑衙門。多溺于救生不救死之說。往往裝點
情節。避重就輕。疊經
皇上訓誡諄諄。而積習總難驟改。上年陝撫題兇犯拜双致斃共
毆無服族叔拜景汶身死。將該犯依律擬以絞候一案。刑部
会題臣適。臣即以案之情節。似多可疑。恐該縣原詳。尚有不
實不符。移會刑部奏駁。嗣接刑部移覆。以為不必。臣由戶部

司員出身。刑名素所未習。當畫題時。意此等兇犯。將來秋審
定入情實。亦足以稍儆兇暴。今查刑部送到秋審冊內該犯
僅擬緩決。伏思獄貴得情。各省具題之案。難免裝點。其情原
不可得。然不能親訊以得其情。要可因案以察其情之有輕
重。罪即緣以輕重。伏查此案兇犯胞弟拜双滯。以還價未買
之馬。不准拜幽臨買。拜幽臨即畏事退還。是該犯兄弟平素
兇橫之勢已可想見。已死拜景汶因聞胞姪拜幽臨之言。往
向理論。亦屬人情。但至門首。未必即欲嚷罵。又見該犯執刀
在手。未必即敢撲毆。且該犯已被其回詈。並非猝不及防。死

詫七十歲老來必一舉拳而誤犯印以閃跌臥見会題命案年
推跪在肆以喊罵先以舉手扣此臣所以疑其情之未盡實也
至拜双㯋在途闘鬧而印携刀以去其究根可想拜继隆因
喚而印持棍同去其幫護又可想于此而理拜双㯋為去視
拜继隆為拉劝出視必携刀耶拉劝必持棍耶其為曲筆尤
属易見至拜景汶初被誤犯刀扎傷右脚根又被拜继隆棍
戳傷右肐肘拜双㯋刀戳傷左腿際妡時右臂傷矣猶稱持
身奪刀兩脚均傷矣猶稱牽脚掄踢七十歲人何能如此窃
以為此皆徒手在者刀棍有己無可抵禦無可奈何情形而

而办案者遂装點以附鬭毆之律也至拜双㵒用刀傷其左
手腕又用刀連傷其右臁肕查原驗此處一連三刀有一刀
傷深骨損又刀傷其左腿後棄刀逃跑此處関鍵尤為明白
拜双㵒之兇如此殘忍見拜景汶之傷已甚重何背棄刀而
逃該犯眼看拜双㵒之用刀連戳棄刀逃刀跑豈不知拜景
汶之傷已甚重而猶敢用刀砍用力猛而左腳跟筋斷骨損
此其心為何心原題稱拜景汶彎身拾刀該犯恐被拾起受
虧並非有心致死夫七十歲人已棍傷其一刀傷其七矣拜
双㵒且見傷重而逃矣而猶稱旋彎身拾刀手而猶稱非有

心致死手即能有心而於情固已忍矣此臣所以移商刑部
也前接刑部以拜畢汝年雖七十究係回民獷悍性成臣
所疑各節悉指為健鬪情形且以傷俱輕微猶能彎身拾刀
為可信夫已死為回民兇犯等語回民獷悍健鬪四字不加
手持刀毆人之狀回而加于徒手受死之老回果老回足當
健字又何以即傷並能致命而移時即已殞命臣固已不待
去解令見刑部以毆能預糾傷等致命定為緩決則臣尤不
經解夫必預糾而後定罪則是臨時雖糾合多人攢毆斃命
而並無死罪也必致命傷而後定罪則是除致命外雖多刀

以致斃而亦無死罪也。伏讀秋審冊內。前載乾隆二十二年。高宗純皇帝上諭。內外問刑衙門。辦理刑名案件。往往惟事姑息。一切情罪之應正法者。苟可巧為開脫。輒文飾獄詞。擬入監候緩決。一入緩決。則每年秋審。例得屢邀恩宥。該犯徒負一折後之名。轉得偷生視息。以囹圄為送老地。幸遇寬典。或且安然事外。坐視寃死者無償命之期。而刁惡莠民。益無所儆畏。近來刑名案牘日多。一日未必不由乎此。即如一毆殺也。獄成定讞。必以為曲全死者。凡屬此數。招冊內。不可枚舉。總以攝轉迴護。曲為之貸。殊不思人命關天。必期死生兩無所憾。屈徒為生者加為保全。則死者不且重

被冤抑手將理生者之命可惜則死者猶能命也至督撫州縣等
以為如此辦理可使該犯留一線之生而部臣定擬亦以已成之
案疏于推究完結不知事關刑獄務期情罪允當有意從寬与有
意從嚴皆為刑罰不中也等因欽此又乾隆四十二年

上
諭鬪毆之案情形本自不同有並非互鬪亦援鬪毆律條問擬者
因係積久相沿皆因其舊而秋讞之分別情實緩決則輕重当有
權衡如彼此俱以手足相毆及各持金刃互格因而傷重致斃者
兩造情事相等原可入于緩決若死者僅以詈罵起衅或用手足
先毆而兇犯輒持金刃抵拒殺傷甚至逞強斃命已可概見且金

殊知本可殺人之物，名死者並非持械，豈能徒手相當，即能頓起殺
機，此與故殺祇差一間，此等而不入于情實，又何以懲暴除兇，
況為法司者，惟當斟酌情理，務得其平，若稍存陰陽隲之見，曲從
開脫，實非平允之道。嗣後內外問刑衙門，于秋審鬥毆案犯，並當
遵旨悉心定擬，毋有枉縱，庶好勇鬥很之徒，共知儆戒，不敢輕蹈
法網，既全實多，是即辟以止辟也。等因。欽此。以上二條，一以見兇
犯之不可為開脫，又入緩決，一以見金刃殺傷之徒，
宜入情實。煌煌
上訓，教戒無遺，自當永遠遵守。今此案已死拜景汝之宜喊罵撲毆以

及兇犯用刀各情形。正

聖訓：臣理獄成宣讞。必為曲直死生。若彼此僅以罵詈起釁。或用手足先毆。而兇犯輒持金刃抵拒殺傷。其為逞強斃命。已可概見也。要以金刃殺人。即兩相鬭毆。已為逞強斃命。今該犯以兄弟二人共用刀殺一徒手之老族叔。且于犯弟已見傷重逃跑之後。該犯復以兇砍各情形。則又

聖訓：臣理金刃本可殺人之物。若死生並未持械。豈彼徒手相鬭。即犯頓起殺機。將與故殺亦祇差一間也。刑部將該犯擬以緩決。則

又

聖訓臥理此等而不入于情實。又何以懲暴除兇也。覈按情罪。既有
未和。細繹
聖訓。又復未合。了閱人命。不厭求詳。相應請
旨飭下九卿再以詳議。期。無枉。縱。是否有當。伏乞
聖鑒訓示。謹奏
奏。咸豐二年九月初二日奏。奉
上諭御史王　奏秋審冊內擬緩人犯。情罪未協。等語。陝西秋
審冊內斬監候兇犯拜双汶一案。刑部擬以緩決。據該御史指
駁情節。頗為詳細。著九卿會同詳核定擬具奏。欽此。

再臣見戶部以需餉孔殷，奏請准士子捐舉人附生，援嘉
慶道光年間奏

旨賞給舉人之案，以開推廣捐輸之例，又引道光十三年升任御史
朱嶟奏請停止捐賞舉人，摺奉

宣宗成皇帝上諭，極言今昔情形不同，以期必得，乃屬已成，例難中
止。然臣竊惜此等益于目前而徒貽譏于後世也。舉人秀和
天下，既貴天下之士，莫不攻苦力學以求之。此間妄希僥倖
者，亦或間有，顧此意不獨以鄉會試為進身之階，亦為榜上
一名，可以傲處，自負誇耀士林也。若竟出于例捐，既無科分

之而稱又與同年之人認見者或多窃笑談者因不鄙夷誰如顧之者近先十年雖有以捐賑邀賞爵人者完竟捐者幾人朱嶟之奏停非見捐者之多而奏乃見捐者之寖已無人而後奏部臣始未深考耳在部臣之意或謂前次捐數逾萬故捐者擾出今減其數之半自必倍形踴躍不知人因其貴而貴之因其賤而愈益賤之無怪夫入貲拜官雖非善政然自漢以來有之已極捐科名則古昔未有且聞籌國大臣于此一事惧阻人之謀之甚秘發之甚速以為由此而以立政千萬故甘冒千古之不韙而不辭其用心固亦良苦而考之未

詳慮之未詳將來無益度支而徒傷國體竊恐該大臣之終將悔
之而已無及也至如奏中所稱不得不于無可籌畫之中為
此萬不得已之計等語左大臣不妨面奏似不宜形奏摺此
按一省何異以情揄賊耶計不及此則所益未見所損已多
矣且愚以為方今籌餉不徒在于來處而尤在于用處廣東
軍興年餘共用餉八十餘萬廣西雖有名同亦何至遽用千
萬臣見戶部奏催廣西造報軍營員弁兵勇數目日期一摺
歷歷指陳國已屢催因在矣然尚覺有所問所未及者如各
省解餉均在全州交卸賽尚阿奏全州殉難摺內有四川解

委候補知縣盧金第，安徽解委候補府經歷陳鈺二員。來院有解餉之員，即有跟解之餉，各理餉銀已解赴糧台，則解員處久經回省。今解員既至城中，則餉銀未出城外，乃守城方十日，而原奏稱兵丁已數日飢餓，既不知委解，又未見將各省解到之餉，因城陷而為賊所得，如實計若干，確查奏報，此中蓋有難言者矣。夫不求餉之用以濟需，而任其委諸盜賊之手，糜諸老弱之兵，銷諸不肖員弁之浮冒，雖日籌捐輸，似亦徒勞。臣自知愚昧之見，未能有補，而耿耿之中心，難安緘默。為此謹

奏。同前摺具奏。初三日奉

上諭前據戶部奏請捐納軍功舉人生員一摺著不准行欽此

於拜双汝等共毆無服族叔身死一案。奏飾九卿詳議。期無枉縱云。中間層層辯駁。其用心之細。自不待言。吾尤服。其獨能。不溺。於世俗。救生。不救死之說。可謂。有。學。功過格。陰騭文。久矣奉作傳家寶。所謂斯無枉縱一語。誣人。致說中間有意從寬。與有意從嚴。其為刑罰不中一也。數語。說理。最。至。　石棣楊生育謹識

報捐舉人附生。大傷國體。先生都。只。重。背。無。益。度。

文字意至於國體只是帶說言語以易入之中間方今籌餉不清在於來處而尤在於用處持論最確此是先生本意

實又識

敬籌安徽防堵事宜疏

奏為敬籌安徽防堵事宜。恭摺仰祈

聖鑒事。臣聞安徽巡撫奏籌防堵。于廬鳳一帶。召募驍勇二千名。
請留國款百餘萬。作備糧餉。經部奏駁。事涉張皇。誠難免議。
然安省與兩湖一水可通。湖南大兵剿賊。賊破必將西竄。一
或竄入湖北。則順水乘風。三四日可到安徽。該撫臣奏備預
之宜。實以勢所難緩。惟是防必得手。扼要餉始免于虛靡。安
省防堵。不在省城。而在安慶府屬之宿松縣。與湖北黃梅。
江西彭澤。均屬交界。大江中流。特峙一小孤山。儼為門戶。

極據安省之扼塞實亦全江之鎖鑰自朱元明禦賊使不得
过安慶全在于此之委善為設防賊斷無從飛越顧吾謂[illegible]
在不在設防之難而在得人之難方賊之困永安也合全軍
之力臨以大帥之威謀之數月之久防堵亦至嚴矣而賊一
旦竄出莫之能禦湖南之辦防堵亦經年矣總督親駐衡州
而賊雖由全州竄入永州旋破道州以入無人之境此理防
堵在何在是可見辦理之全恃乎人也查幫辦防堵廣西則
用龍啟瑞朱琦湖南則用羅繞典江西則用陳孚恩皆以本
地人辦本地事何見

聖心妙用。安省紳士在籍者少。惟前署廣西巡撫周、天爵、雖籍隸山東。而久住鳳阳之宿州。該撫由州縣而府道臬司。皆在安省。不惟情形至為熟悉。士民至今感戴。即廬鳳獷悍之徒。莫不聞風懾服。蓋積威有素也。誠使周天爵帮办防堵。相度扼要之地。而守之。其威力足以驅策驍勇。而不使別滋事端。其清勤足以振式浮靡。而不致多所冒濫。得力当与各省在籍大員無異。水路有此可以無虞。至陸路独太湖縣界連湖北。餘如望江、婺源、祁门、建德、東流、皆界江西。山路叉叉可通。安得一一設防。大抵交界處所有崇山峻嶺以為限地險可守

惟當今府縣俾察情形。設請紳士。告以團練章程。明金声曾

有禦賊互保之法。最為簡易。使劝諭铁要附近村莊。自行妥办。

一。村。設。數。人。以。率。領。徒。眾。一。月。設。數。集。以。講。明。約。束。等。事。各。

安。生。理。有。事。一。呼。即。至。安困以时稽察之。奬劝之。俾知共禦

寇賊。即以自保。田廬。民自等不勉慢。至地方安妥。則責立法

以拏土匪之借端肆害。懸賞以緝遊匪之逃竄潛蹤。凡各鄉

鎮里黨。以及旅店。編張曉諭。遇有土匪生事。即令報官拏究。

遇有外來形跡可疑之人。嚴行盤詰。来歷稍涉含糊。即行送

官審訊。或係奸究。或係逃匪。審明照格重賞。地方民人。聚族。

而房屋易息易通守助易固如此辦理賊即無自來而去無庸

設亦防堵招聚無賴徒滋擾害也臣籍隸安徽道閱桑梓上

為江防籌扼要以免虛靡下為鄉里籌保衛以免滋擾愛見

臣知敢以上陳是否有當伏乞

聖鑒訓示謹

奏咸豐二年十月初九日奏奉

旨留

以閩公為績咸有素識其出查辦土匪有餘至於

形世勤辦粵匪利非才力所及矣劉年近八旬

精力衰耗區區之威望不能濟事

石埭楊[illegible]寶謹識

請嚴防岳州荊州武昌並請飭大臣迅速堵圍疏

奏為湖南賊匪雖竄。未知趨向。急宜嚴防岳州荊州武昌。並請
嚴飭大師迅速堵圍事。臣讀日抄。知湖南賊匪于十月十九日寅
夜紛竄。有竄至益陽之說。而署督徐廣縉分飭員弁。防堵竄
入常德寶慶。常德固商賈聚集之區。該匪或不無歆羨。寶慶
則返回廣西之路。該匪自廣西來。豈不知該處菁華已盡。臣
以為益陽逼近沅江。直達洞庭。湖窺伺岳州。勢或以至該署
督派常祿張國樑等。帶兵幾及萬人。往長沙西北捍禦。實不
令該匪衝突。然臣聞岳州防兵。僅二千名。湖南督撫大員並

不以岳州緊要為慮且以湖北提督楊勒恭武駐守岳州為多事即如湘陰土匪滋事經楊勒恭武擊散並未聞湖南地方文武稍助一臂之力而即擒土匪供出頭目晏五即晏和尚乃積慣販烟與会匪勾通一氣八月間曾至長沙賊營領有偽旂銀兩至湘陰為賊接應希圖劫掠餉鞘硝磺於時岳州府城人民聞信搬徙幾至一空若非湖北兵勇擒勦則岳州幾不可問不但軍需數十萬與硝磺被搶已也現在賊匪北竄或探知岳州兵單一徑竄入則東連武昌西達荊州可以任其所之荊州滿兵素不慣加且與地方兵丁不能聯絡

將軍台湧前因办理營務不妥。曾侄
欽差查。未必能得軍心。此次防守荊江。雖期居善。而武昌守兵現
聞僅存數百名。尤為可虞。倘岳州稍有疏失。則湖北必為大
震。大江順流而下。既無水師。亦無屏蔽。臣前雖奏請办安徽
坊堵。扼守小孤山。未知曾否
准行。倘江西與安徽江防稍疏。祇以不擾民為高。不以先弭患為
要。則由長江而下。賊江西之九江。安徽之省城。一水可通。並
無阻遏。恐江淮人心。亦復震驚。況荊州為古今力爭之地。康熙
年間。吳逆構亂。逼擾岳州。當

國家興盛之師亦費全力以取之現在更宜加謹而知臣聞

欽差大臣徐廣縉自梧州本月始達平樂又本月始達桂林旋至衡州遲之又遲久久知長沙被圍而乃走如此遲緩恐悞事機殺賊匪之心遂有計慮不周之處惟有仰求

皇上迅飭徐廣縉親督大軍統赴長沙西北阻賊北竄並添派重兵助守岳州一面嚴飭湖北添兵防堵如有他處調到新兵截留悉力分守武昌荊州則該匪無可奔突矣是否有當伏乞

聖鑒

咸豐二年十一月十二日奏

形勢了了如見此等處可以想見先生平日用心

再請水陸預防形勢疏 附陳安徽防堵事宜一片

奏為敬陳形勢。再請預防。恭摺奏祈

聖鑒事。竊臣于本月見湖南賊匪逃竄。奏請嚴防岳荊武等府。而

不知岳州先經失守。言之已後。倍切悚惶。現奉

諭旨嚴飭徐廣縉馳赴岳州。繞出賊前。迎頭截擊。並令武昌漢陽

荊州各路一律防堵。昨又伏讀

上諭。派河南布政使鄭敦謹馳赴信陽州一帶。會同南陽鎮總兵

柏山扼要籌辦。署河南巡撫琦善馳抵楚豫交界地方。督飭

飭嚴防。等因。欽此。仰見

聖心先予預籌無微不至惟查湖北一省地居腹裏勢控上游水
路有二一最宜防陸路有二皆當備之何則水路乘長江逆
流而上則入西蜀西蜀僻處一隅且巫峽夔門江流險急逆
上亦難況賊不由洞庭之西而由湖東岳州一帶蓋不至四
川而在湖北已見所概見此路似非緊要惟長江東下由江
西九江過安徽省城直指江寧順流揚帆不過旬日漕鹽兩
而務皆在東南
國家養命之源一經騷動關係匪輕此一路所以最宜防也陸
路一由孝感達河南之信陽一由襄陽達河南之南陽與陝

西之南山賊若由孝感三里城至信阳一路南北通衢可以直犯中原若由襄阳而至南阳則河洛震驚若至陝西之南山則尤易出沒此兩路所以皆宜防也防水路之法請以江西兵勇調至九江駐劄以江南水師調至安徽之小孤山扼江截守以安徽綠營兵弁調劄小孤山之兩岸此處江面最狹不過里許而小孤山壁立中流水師依山據險迎頭奮擊兩岸兵弁築礮夾攻賊雖自難飛渡惟小孤山南岸皆山有險可守北岸曠遠毗連重兵扼濠修壘不足以資堵禦且北岸宿松望江一帶亦係通衢不可不一律兼防此水路設防之

情形也。陸路之防，信阳一带，现已有郑敦谨前往筹办。惟信阳接壤湖北之孝感，此为南北通衢，驿站固宜严防。信阳以东，则光山、商城与湖北之黄安、麻城交界，俱有平坦大路可通。其间如黄土坪界岭等处，亦有山险可守。信阳以西，新野与湖北之枣阳交界，山谿亦有险要处，皆宜严防。不独信阳一州而已，且守信阳必须进兵驻劄湖北之三里城，距河南边界三里，此处地当孔道，而四面环山，可以固守，可以陵

伏祈

饬郑敦谨一並筹办。南阳一路，则请

飭河南々阳一帶安兵。就近調至襄阳。駐劄樊城地方。其地雖屬
湖北。而實係河南門戶。過此以往。地勢平衍。無險可扼。且樊
城緊接漢水北岸。易于設防。從古用兵。北方有事則守襄阳。
南方有事則守樊城。此一定之勢也。更可慮者。由襄阳而至
河洛。此近路也。此外間道。自襄阳沿漢水入山。由老河口。經鄖
阳。直達陝西之商州。進金紫關。龍駒寨。透出潼關。背後則潼關
中無險可守矣。應請
飭陝西巡撫揀派能員。督率弁兵。嚴備商州南山一帶。杜其透入
潼關間道。以固關中之人心。其餘山蹊僻徑。相機妥辦。此陸

陸路設防之情形也防堵果嚴並可進兵剿寇湖北一切地
方庶不至臨于倉皇然水陸兩路雖云如此設防而沿边府州
縣不得文武兼備之才亦不足以共濟艱危請
飭下兩江總督河南陝西安徽江西各巡撫將各該省与湖北接
壤之府州縣揀選各省中才兼文武足勝防堵之任者無論
實缺候補權宜調委以濟時艱蓋弁兵止可剿賊守險而按
民練勇堅壁清野非兵役之吏不如地方官与兵將實兼重
也臣為急籌防堵起見是否有當伏乞
聖鑒訓示

咸丰二年十一月十九日奏

再安徽一省。自首府安慶以及徽寧池太四府。地接江南。人多柔脆。惟廬鳳穎三府。習俗強悍。勇于戰爭。但馭之不得其人。往往聚而生亂。風聞本年八月。安徽招募鳳阳寿州鄉勇一起。共数不滿二百。並派營弁發票赴省。沿途騷擾。以至桐城之呂亭驛。強擄婦女勒贖。至九鋪地方。劫奪姦淫。無所不至。及到省垣。不敢容留。始經給以口糧。轉送湖廣。現又聞續報之驍勇二千名。時常要挾。氣甚囂張。該管員弁。不能禁止。是安徽防堵。舍廬鳳穎之人。而別無可用。有廬鳳穎之人。而

又不能用如此防堵祇可希冀賊之不來現今賊已竄入岳
州將竄湖北岳州至湖北省城陸路三日水路不過二日湖北
省城至安徽省城陸路八日水路不過三日順流而下呼吸
間耳河南現已
欽派重臣重兵防堵
皇上以封疆臣令為重安徽與河南同一與湖北接壤安徽之
兵力不及河南而安徽之屏藩江淮較河南尤為喫緊臣前
疏請
飭前署廣西巡撫周天爵馳赴省垣幫辦防堵未見明降

諭旨。不知曾否准行。臣于周、天、爵、與一面之交。不過深知在臣安徽省做官最久。且在廬鳳道任內。地方兇橫之徒。不惟畏威並且懷德。惟其人亦已過于認真。同寮屬吏。往往望而生畏。難保無泥之處。在周天爵年近八旬。精力雖健。未必更以仕宦為榮。況幫辦防堵。成敗之際。性命所關。更非安富尊榮之事。臣所以再三冒昧瀆請者。誠以安徽之防堵。非廬鳳穎之鄉勇。不能行。廬鳳穎之鄉勇。非周、天、爵、之聲望。不能用。臣知周天爵于廣西軍務。辦理無效。然彼係一省之事。股數無多。此則惟一路之事。且地利生熟不同。遷地或難為言。安徽實

協財匱。伏乞
皇上軫念民生。迭
飭周天爵馳赴省城。並准其隨帶壯勇幫辦防堵。以固疆圉。不勝
惶悚待
命之至。謹
奏 同前摺具奏均奉
旨留
咸丰二年十一月二十日上
合前三疏讀之。東南地勢。如指諸掌。羅胸有用之學。
其中惟力薦周公。尚未免。徒以聞望。取人耳。吏識

再陳兵事四條以安人心固根本疏 附二片

奏為敬陳管見。再請急籌。恭摺奏祈

聖鑒事。竊以賊勢猖獗。武昌失守。九江被圍。由此而安慶江寧。稍有疏虞。數月即可直達。事有不可不籌備者。必宜圖之于早。若待事至謀之。誠恐蒼黃無及。臣敢敬擬四條。為我

皇上陳之。

一請急收人心也。臣聞賊之所至。專係假仁假義。劫掠漢口也。先使人安撫市肆。令如常賣買。毋得閧閙。劫掠市物也。照常市價。無有短少。市人安之。而官兵一到。反多殘害。近來款

山东亦有官兵騷擾之事夫民為邦本賊以不擾誘我民而
兵以騷擾迫我民是驅民心以向賊也民心一去天下將誰
與守今請
嚴降諭旨飭營兵弁將務必使兵与民秋毫無犯設有犯者兵丁
立即梟示犯事地方官營員弁亦即處斬使民咸曉然于
皇上愛民之心如此其至也再請暫停捐輸百姓受
國家深仁厚澤原未嘗無急公振効之心而州縣奏奉以不善
未免多派擾累今防堵者分撥多其中富民捐貲貧民捐加
業已不少如請

恩旨特降令民等防以自衛勿令揭諭以上供大懸賞格有能
倡辦團練以保鄉里者立予頂戴有能以團勇敗賊者立授
官職有能殺長髮一後來獻者按級加賞使民知自保印可
邀賞重賞實為保民斯民天下咸曉然矣
皇上保民之心如此切至也賊雖假仁假義不得而煽誘矣
一請急籌積貯也賊至九江則長江直下之勢已成而毫無差
一賊至瓜洲直扼我吭南糧均為所阻京城倉米不過半年
民食一貴人心必有驚惶恐生內變請
飭戶部早於奉天等近省採買雜糧以備不虞刑部侍郎奕經前

在盛京最久。
皇上面詢林產糧之區。屯糧之所。運糧之路。籌備不可不早也。
一請急講訓練也。八旗勁旅。自無不久經訓練。而承平日久。
技藝未必純熟。進退未必協律。調度未必如意。萬一近歲有
警。何以禦之。請
旨飭訪善於陣之將。日加操練。以修武備。安人心。
一請急求人材也。現在
皇上破格用人。于各處要地。軍營無不
欽派大員前往襄辦。然既用頗多。文臣軍旅之事。不獨未學亦難

未見。兩年以來。成效可覩。各處雖保武弁。亦不過行陣之材。求其訓練。運籌。設策。出奇。制勝者。總未必有其人。應請

特旨宣諭中外。有能精通謀略。善曉兵機。可以贊襄軍務者。或才能出眾。智勇足備。可當將帥之任者。或專門名家。精乎一藝。可備軍營之用者。毋論內外大小臣工。均許各舉所知。不能自奏者。呈該管衙門代奏。以備試用。以上急等四條。皆為安人心固根本起見。是否有當。伏乞

聖鑒訓示。謹

奏。咸豐二年二月十四日奏

再，臣思兩湖江西漕糧，此間被賊州縣，雖不能收，業經被
賊州縣，必仍照舊徵收，現在江河梗阻，難以運解，請
飭該省，即以徵收漕糧，作為兵餉，似可稍省撥款，惟須妥為護送，
勿使為賊所掠，實為幸甚。附前摺
再，臣聞安慶大江，惟小孤山可守，從前元明之守，載在史冊。
至今地方，猶傳安慶大員，惟臬司張熙宇能辦，予以張熙宇
守，小孤山似為得宜，而慮其獨力難支，故嘗疊奏請用周
天爵，乃近聞督臣陸建瀛以小孤山為不可守，今又聞撫臣
蔣文慶飛檄中孤山之守，真不可解，捨小孤山不守而能

守何地以為守省城耶是舍門戶而守房室也省城周圍不
过九里倚山臨江無論未必能守即能守而賊舍之不攻亦可
直達江西是不守小孤山直猶開門而延盜也然督撫兩
大吏有此意見一臬司何以當之即或勉力支撐必且動成
掣肘賊一过九江此地恐不可問矣此地不守而賊即走江
西矣天下大局可為寒心伏乞
皇上嚴飭督臣以必保九江嚴飭撫臣以必保小孤山而或有失
惟該督撫是問并請
欽派得力一兩能戰大員于小孤山協同防堵使賊必不得过江南幸

章如天下章如謹

奏附前摺具奏

此時事勢。武昌失守。九江被圍。惟有奏請急援

曾公。歔欷。羞。大臣。誇任。念此。更無策可籌。度先

生不曾深知曾公耳東南事敗壞至此。正[illegible]

信任曾公過遲。寅識

銀票虧商銀號虧國疏附論鈔法一片薦沈道幫辦向榮文案一片請行團練堅壁清野法一片

奏為銀票虧商。銀號虧國。部議未盡請
飭另籌事。竊臣見戶部會議行鈔。奏稱鈔法收效稽遲。不如就府從
前本有之財。以圖周轉。擬請暫行銀、票、期、票。仿照內務府官
錢鋪之法。開設官、銀、錢、號。以便支取。奉
旨依議。欽此。等因。伏查部議所稱提取各州縣所存、穀、價、銀、兩。給
以銀、票。為將來買補之用。及大員俸銀。給與期、票。令其屆期
關支。事雖權宜。而行無窒礙。自屬可行。惟所稱用銀、票之法。請
於各省當雜各商生息帑本內。每酌提十分之三。解交藩、

報部俟撥戶部核明銀數應造一百兩八十兩五十兩之票若干張彙發該省按原提本銀數目分給各該商准令該省攔納封典職銜貢監之人向各商買票報捐歸還原提銀款其各商應繳息銀仍如其舊於商無虧於事有濟等語臣不知各省生息帑本共有若干有濟與否不敢妄議若商則知其必虧臣聞各省州縣皆有典規歲數千兩至萬兩不等是即平居無事而已視典商為魚肉今令州縣以提帑本發部票則必以火耗腳價部費為藉口而收銀有費發票有費々之輕重固視官之貪廉然官即能廉吏亦斷無空過之事此

商之虧一也商之繳銀也限以三月由州縣而藩司而報部不知幾月迨部中核明銀數造票有時發票有時由該省以行至州縣分給各商又不知幾時竊計自商繳銀之日以至領票之日至速亦須一年此一年中該商等本銀已繳其三而息銀仍如其舊此息竟從何來此商之虧又一也商領銀票祗令該省捐納封典職銜貢監之人向各商買以報捐歸還原欵竊計捐生有銀報捐何為必欲買票且買票入手不知有無真偽持票上兌不知有無留難何如持銀上兌之可恃苟非與該商素識委曲代計補虧斷不向買設領票年餘

而素識中竟無欲捐之人其票必懸而無著則商之虧又一

也由前二虧之更無期於此（旁注：固难免由後一虧之）而謂於商無虧恐未可信夫提取

存本固商之本分亦商之所樂從今欲濟急需則竟提用俟度

支充裕再行發給可耳若如部議提本給票買票費三層周

折而仍歸於報捐名避勒捐而實較捐之費為更甚矣再查

所議官銀錢號之法請於京城招商開設銀錢號三所每所

由庫發給成本銀兩再將戶工兩局每月交庫卯錢由銀庫

分給官號今其與民間鋪戶交易戶部每月應放現錢一概放

給錢票在官號支取俾與錢票相輔而行輾轉流通兵民兩

有裨益等語在部臣之意以為有錢乃始給票則票實而人可
取信給票不盡取錢則錢存而利可有餘不知此在商賈可
行而
國家則不能行也始無論以經國謀猷下同商賈其體為至褻
而其利為至微今且以商賈之道言之大抵能創一肆守一
業者其人必工心計習儉勤旦夕以身入其中而又知人而
善任非是則敗蓋有創立數年買賣甚旺一旦身離其地而
頓虧者矣有資本巨萬偶用非人不數年而全覆者矣有日
習其中而計慮未精業仍銷敗矣知臣所聞見不知凡幾夫以

商賈之自為尚且如此今乃欲以官招商為之其人而果殷實善經營者也彼且自謀之不暇何暇為官謀其應招者必其不足恃者也而官又不能旦夕稽察其間即使派員稽察亦屬徒然況官吏往來尤難保無沾染乎況戶部寫票悉由書吏紛紛繁瑣碎尤難保無作假乎假照之案可為前車此法若行不數年而銀本必成大虧此臣所謂虧國也在部臣意必謂有虧不難重治其罪耳不知狡黠之徒初時之虧斷不能見至虧之已甚則雖重治甚罪亦復何補若謂內務府官錢鋪行之數年并未見虧則此中利弊人不易知似未可藉

為仿照臣實覺此法斷不可行。以上二條。現在章程未立。

請

飭部臣另行籌議。伏乞

皇上聖鑒訓示。謹

奏。咸豐三年正月初八日奏。奉

硃批戶部議奏。欽此。

再臣擬得籌餉之方四條。敬陳

聖鑒。

一請停各省採辦諸物均歸折價也。臣聞各省採辦諸物。解貢到京後。書吏訛索。部費甚重。如江蘇解顏料銅錫。須費三千兩。飛金須費千餘兩。江西㩦連紙。須費五百餘兩。浙江絲斤。須費五千兩。油茶須費二千餘兩。以此推之。各省莫不有採辦。即莫不有部費。此費已不知幾萬兩。又聞福建辦㩦連紙一百萬張。例價約千兩。將樂縣津貼紙價一千二百餘兩。水脚三百餘兩。又津貼委員九百餘兩。以作川費部費之用。而委員往返二年。尤賠累不堪。以此推之。各省辦解之物。合計津貼。不知幾萬兩。各省解運之員。合計賠累又不知幾萬兩。凡此皆民之脂膏也。而徒以供部胥之囊橐。誠為可惜。臣愚

以為京師百貨雲集。用物隨時購辦。無虞缺乏。請除滇黔銅
鉛外。
飭令各省額解各物。一概停止。其本有例價者。既免開支。其本屬
例貢者。即令折價。而向來津貼採買津貼運解之數。均令核
計聲明。全行搭解部庫。以備購買各物之用。有需用時購辦。
有資無需用時不致徒費。如此變通辦理。部庫增多解之欵。
各物無陳朽之虞。委員免賠累之苦。內外似均有益。惟此事
一交部議。庫員書吏多方阻撓。必將之不行。應請出自
宸裁。實為萬幸甚。

一請折銅寺以資鑄錢也臣
聞熱河有珠源寺全以銅造門
窓戶壁無一非銅一瓦之重約四五斤為屋三間計銅不止
千萬當年造此似有深意存焉殆正備今日之用現在滇銅
不旺運解維艱請
派大員前往折卸運京以資鼓鑄熱河至京不過數日所省銅本
運腳實為不少且聞西山一帶亦有銅廟不止一處請均照
此辦理似數百萬帑金不難立致昔周世宗以佛像鑄錢語
侍臣勿以毀佛為疑佛以善道化人苟志於善斯奉佛矣且
佛志在利人雖頭目猶捨以布施云云又聞康熙年間亦曾

以佛像鑄錢。故至今康熙錢中。猶有羅漢錢之名。今即有疑沮者。不妨將佛像移於他處。但拆寺宇。自無所害。一請用兵省分。即令鑄錢也。臣聞單営所至。錢價物價。登時昂貴。每銀一兩。易錢不過千餘。而食物較常幾欲加倍。以致兵丁領得餉銀。日或不飽。現在湖北剿賊。銅運似難遍行。所有未過湖北之滇銅。請即截留。

飭令該省趕緊鑄錢。以資兵丁兑換。如銅不足。省分即令趕鑄鐵錢。照銅錢一樣行用。以銀給餉。復以錢收銀。在兵不受錢價之虧。而官可得周轉之利。查鐵錢五代及宋皆嘗鑄之。或與銅錢并行。或竟專行。大抵因地因時以助軍費。

一請將抄產珍寶。發給變價也。聞自來抄產。每多珍寶珠王之

屬。此等物久存無用。且恐或致遺失。請

飭該管大臣按籍檢出。發給變價。以助軍需。以上四條。似不取於

民。而可以濟用。是否有當。伏乞

皇上訓示。謹

奏。咸豐三年正月初八日附上奉

硃批戶部議奏欽此

再查部臣議行銀票。意謂票與鈔相關。欲以此試鈔之行否。

臣竊謂此意似未深思也。誠欲試鈔法。當如其法而用之。方為試行。若變易其法。則行與不行。皆各自一事。安得因此而概彼。夫行鈔首在收法流通。惟收之能寬斯發之不滯。今銀票之發。惟以抵存本。而收惟以報常捐。上下均隘其途。安得而流通乎。臣 自元年十月。曾上鈔法十條。經部議駁。遂不復言。竊冀部臣別有良策。乃籌餉二十三條。不為不詳。而大概皆出於捐。至所稱賞銀執照與銀票。似尚不如鈔之便。即近來言鈔者多。而於推行收發之間。立法亦多未盡。必不得已。

請

飭部將臣前奏再行詳議其前所擬各條惟暗設標幟一條即可照議刪去餘或尚當致詳至鈔上既去標幟即請加用部科印先以成式發各省府州縣以及行鈔銀號使便比照則偽者不敢出用者自易信而其要尤在行之以漸而限之以制若一旦驟造數十萬勢必不行彼洋銀流入中國人亦初不敢用追行之久而人便之且善辨識遂徧東南各省此豈一朝一夕之故哉事非通籌大局深究始終未易得其要領臣固非謂鈔為無弊但以此法不取於民亦不强民猶弊之較輕者耳倘舍此他圖蓋未有不取諸民者今日之民恐不堪命

為此冒昧瀆陳。不勝惶悚之至。謹
奏。咸豐三年正月初八日附上。奉
硃批戶部議奏欽此。
再臣愚向榮現在奉
旨授為欽差大臣。專辦軍務。一時臣民翕然慶得人。以為賊匪計
日可滅。惟臣愚該大臣固屬老將。然長於武畧。或未必嫻習
文案。且兵機所關。間不容髮。亦不宜更使以他事分心。必得
文員為之襄理一切。庶專力破賊。又聞該大臣情性稍剛與
人難合。惟升任高廉道沈棣輝有體有用。剛柔得宜。必能善

為調劑。該道現在湖南。請

旨飭令前往向榮軍中。幫辦軍務。既便襄贊成功。兼以隱為保全。可否伏乞

聖裁。謹附。

奏咸豐三年正月初八日附上

再臣思現在賊匪情形。與嘉慶初年教匪大畧相似。嘉慶二年。德楞泰有令民築堡禦賊一疏。又龔景瀚有堅壁清野議。皆言之於先。至嘉慶六年。始奉

旨通行。而妖氛漸以平定。方畧大概多出其中。論者謂德楞泰老成

先見。龔景瀚籌畫尤詳。非此不能制賊之命。當時若能早行。
或不致蔓延數載。夫當日行之既惜其遲則今日行之似宜
及早。請

飭令軍機大臣檢錄。進呈

御前。詳加批鑒。此二臣之一疏一議。所在應有。即請

飭下現在賊擾及鄰近各省督撫。按照成法。參合時宜。選派幹員
總理其事。通飭州縣實心籌辦。此法一行。賊雖蔓延。而野無
所掠城不能破。自不難漸次殄滅。惟臣聞各省州縣城垣完
固者少。辦理堅壁清野修城乃第一要務查向來各省捐修

城工。議敘最輕。今若准與優敘。則各捐生既可保護身家。又得
仰邀
恩典。自必踴躍輸將。不必另籌經費。又外省習氣。兵弁不受州縣
調遣。平時緝盜捕匪等事。皆須州縣團勇。每以經費不敷。兵
足。不能認真。且微末武弁。鮮知大體。往往剋扣錢糧。以致兵
不足額。老弱充數。今若將弁兵歸州縣兼轄。則調度應手。不
必另籌團勇之費。且老弱之兵。可以隨時挑汰。不似平素鎮
將之遠隔。難於稽查。似可稍得兵力。以上二條。似與堅壁清
野有裨。乞

飭大臣一並議行。謹

奏咸豐三年正月初八日附上

請重刑賞以固人心疏

奏為請重刑賞以固人心恭摺仰祈
聖鑒事伏思逆賊自出粵西所破之處往往走而不守論者因以
為賊無大志臣竊憂之賊之不守非不能也正其志有所在
也設至兩江則又恐守而不走矣夫賊出粵西不過數千行
至兩湖遂逾數萬兩江材力之士不得志之徒夫豈或少設
竟號召響應事有不可問者矣
皇上前降諭旨令所在行堅壁清野之法團練保衛剴切詳盡讀
者感泣然第言賞而未言罰今請重定賞罰使地方有司有

所勸復有所戒勸則樂辦戒則不敢不辦在在皆辦則在在
可守斯可以固我之人心不至聞賊即走不至趨而從賊且
所在材力之士亦可藉此自見而不至為賊所用再請
特降諭旨有從賊者必加赤族之誅有殺賊者必加非常之賞有
擒洪秀泉來投者即予五等之封以散在彼之人心固我之
人心固而彼之人心散斯賊可以計日而滅矣愚昧之
見伏乞
皇上聖鑒訓示謹
奏咸豐三年正月二十九日上奉　旨留

請選將練兵以振軍威而消奸宄疏

奏為請選將練兵以振軍威而消奸宄恭摺仰祈
聖鑒事伏讀本月初二日
上諭令各旗營官兵挑選精壯實心簡練并令該營大臣常川
督率閱兵大臣分班親閱使馬步火器一律嚴整等因欽此仰
見
聖謨深遠自足大振軍威惟是練兵必先選將將不知兵雖日事
深操演亦似無益現在承平日久各旗營大臣曾經行陣者
少未必盡屬知兵但令循例奉行未免徒成故事當此時

事孔亟。伏乞

皇上令各旗營大臣。或選擇曾經出師歷過行陣之員。以資教導

兵丁。雖年紀已老。亦堪任用。或延訪素習武畧謀勇兼優之

士。以資講求調度。雖出自草野。亦許保舉。庶幾冀得將材足

勝禦侮。至簡練兵丁。雖責在該營大臣。閱兵大臣。然 臣 聞各

旗營武備。廢弛已久。即器械亦不能全。立令全行應操。勢必

不能。即使勉強遵行。仍屬有名無實。臣 愚擬請

飭各營大臣。挑送精壯。不必限以數目。而必限以時日。使擇足資訓練

者。訓練一月。計有精壯若干名。共得精壯若干隊。造冊咨部。奏

明請
旨派王大臣抽看再限一月訓練稍精奏明請
皇上隨時抽閱以兵丁之强弱定該營之功過嚴明賞罰似可稍
免含混嗣後陸續挑選簡練得有精壯按月奏明增入册內
如此逐漸整頓數月之後訓練日進精壯日增兵威自必大
振由是而推之附京各旗營推之直隸山東各近省均令一
律辦理斯可以銷奸宄之心而固士民之志矣天下之事多壞
於因循粉飾似非限以時日重以
皇上親行抽閱誠恐積習難以驟挽愚昧之見是否有當伏乞

聖鑒訓示○謹
奏○咸豐三年二月十二日上奉
旨留

請速勦除捻匪以防勾結而弭患萌疏附陳兵事宜重速勦不可徒防一片

奏為捻匪四起。請速勦除。以防勾結而弭患萌。恭摺奏祈

聖鑒事。伏讀本月十五日抄。見豫撫陸應穀、因安徽宿州蒙城亳壽等處。捻匪四起。臨淮之磨盤山。聚集多名。肆行刦掠。奏請調兵防堵。竊思皖省盧鳳等處。民氣素稱強悍。匪徒聚集多人。往往擾害村鎮。上年雖經該督撫奏請委員嚴拏懲辦。而未經拏辦者正多。所聚或千餘人。或數百人。平時刦掠。肆行無忌。近聞粵匪竄擾安慶江甯。先後失守。自更毫無畏憚。若不乘其初起。急行勦除。則盤踞日久。勾結愈多。必致釀成巨

患。況盧鳳界連豫省。接壤淮徐。現值籌防粵匪之時。非先將
此數處捻匪。勦除淨盡。萬一粵匪潛行勾結。更為心腹之患。且
河南捻匪素多。難保不聞風而起。豫省淮徐防堵。正不可恃。
侍郎周、天爵、歷任皖省。素為匪徒所畏。然恐該處兵勇不敷。
應請
飭令豫東兩省。各選將兵、帶。飛馳前往。隨同該侍郎勦辦。豫撫陸、
應、穀、現已親駐歸德。亦自可相機協勦。欲籌防堵於河南。宜
先淨根株於皖省。能將皖省捻匪。迅速勦除。則豫省不防而
自固。而該侍郎等。亦得以專力防勦粵匪矣。再盧鳳潁三府。

正在勦辦捻匪喫緊之時尤在守令得人方足以固民心而
資捍禦從前三省教匪案內有居官素好之劉清所到賊即退
避上年粵匪在湖南聞有五縣不犯曰此其縣有好官是可
見州縣官好不獨本境之匪不起即他境之匪亦不來風聞
廬鳳一帶府縣各官貪鄙者多清正者少伏乞
嚴飭該省大吏將各府州縣昏庸不職之員嚴行參辦既以安民
心亦以戢賊膽是又治賊之源得力在防與勦之上者非獨
廬鳳各府亦非非獨皖省而實為各省所宜行急應並請
旨通飭直省督撫一體辦理將貪官污吏嚴行參劾免致為賊藉

口實方今切要之務是否有當伏乞
皇上聖鑒謹
奏咸豐三年二月二十五日上奉
旨留
再臣伏見粵匪竄擾以來湖南設防久逾一載湖北江西亦自元年皆已籌防即安徽於上年八月亦經請防乃在在言防在在不守是防之一字徒以虛糜兵餉實為歷歷可監乃今安省捻匪四起河南巡撫又行奏請防堵臣竊以為過矣夫界連之地道路交通防之既不勝防兵勢愈分則兵力

愈薄防亦斷不能防嘗見江西撫奏下巢湖老鼠峽防守情
形某處兵三百名某處二百名如此布置似皆為防守所誤
現在各省辦理團練似即所以為防伏乞
皇上嚴飭各省督撫專主辦剿各將官兵日事訓練以察弁兵之
勇怯以求技擊之精熟一有賊匪竊發無論本省鄰省不分
畛域即令該督撫選將督兵馳往協剿如安省匪起而豫東
二省即率兵馳而赴之兵以分而勢單者亦以合而勢盛乘
其衆之未固謀之未定一鼓作氣自不難立行撲滅一處
之匪滅則各處之匪不敢起鄰省之賊滅即本省之賊無自來是

不言防而防自固不獨賊勢可免蔓延抑亦兵餉不致致坐耗毋得更以防堵二字虛費錢糧坐失事機愚昧之見伏

乞

聖鑒咸豐三年二月二十五日附上

安徽省城不宜改置廬州疏

奏為省城改置似宜詳議請
飭先籌分駐以資彈壓防守恭摺奏祈
聖鑒事竊臣讀日抄見新任安徽撫臣李嘉端奏廬州府為皖省之中形勢扼要請以定為省城奉
旨准其暫在廬州府駐劄辦事等因欽此伏思省城建置自以扼要為先至於適中似非所計今請以大局形勢言之省城之設於安慶上控全楚下蔽金陵非獨為一省門戶實為全江門戶自古戰爭之世皆必爭此即現在賊過安慶順流遂達

金陵亦見舍此更無可守也以城池高大而論則安慶遠不及廬州以形勢扼要而論則廬州似不及安慶安慶城小難守臣因亦嘗言之然所謂難守者指專守省城而言若能扼守小孤山則元余闕之拒陳友諒守之六年矣今粵匪之不及陳友諒遠甚而不能一朝守者一由陸建瀛之退走防兵望而奔潰一由蔣文慶之太無籌畫也觀向榮所查失守情形豈地利之過耶蓋金陵以安慶為屏蔽安慶以小孤山為屏蔽無小孤山即無安慶無安慶即無金陵此時為控扼賊起見暫以廬州駐劄不得不然若竟改置省城似未可因一時之利

便而忘百年之久計此事所係甚大而現在不急應請
飭中外大臣再行從容詳議惟省城自被賊後向榮僅於一過所
請令李本仁張熙宇入城辦理均屬業經罷斥之員未聞更
派文武前往查辦前所招募驍勇本屬亡命之徒賊東
竄後四出搶掠加以陸建瀛自九江退走防兵潰散盡在沿
江一帶肆優而盧鳳土匪被勦南竄安慶復為逋數蹂躪之
餘何以堪此且金陵揚州我兵連獲勝仗賊勢窮蹙又將奔竄
現計水路揚州常州江陰各處皆有防守獨安慶省城空虛
萬一由太平蕪湖一路復竄而西亦為可慮現在侍郎周天

爵呂賢基等。皆在廬州。撫藩大員。應如何分駐安慶。以安集

流亡。剿辦土匪。並如何設立防守。應請

飭該撫即行馳往安省城籌辦。是否有當。伏乞

聖鑒訓示謹

奏咸豐三年三月二十五日上奉

旨留

請籌通商賈以安民業疏

奏為請籌通商以安民業。恭摺奏祈

聖鑒事。竊思京城為根本重地。必得商賈流通。百貨雲集。方足以

安民生。自上月錢店關閉者多。民心皇皇。幾於不可終日。蒙

皇上大沛

恩綸。廣宣

諭旨。百姓感頌歡呼。街市頗覺平靜。月餘以來。似覺無事。然此第

外見之象也。實、則、各、項、店、鋪、之、歇、業、者。竟、自、日、多、一、日。若不

趕緊想法。恐、有、罷、市、之、勢。臣嘗細推各行歇業之由。大。抵。因。

賣買之日微借貸之日緊夫賣買多寡由乎時勢非人所能
為也而借貸日緊則由銀錢帳局各財東自上年冬以來立
意收本但有還者祇進不出以致各行生意不能轉動闔帳
局自來借貸多以一年為期五六月間各路貨物到京借者
尤多每逢到期將本利全數措齊送到局中謂之本利見面
帳局看後將利收起借者更換一劵仍將本銀持歸每年如
此故此時猶不甚顯者各帳未盡屆期也若屆期全行收起
更不復借則街市一旦成空蓋各行店鋪自本者十不一二
全恃借貸流通若竟借不通即成束手必致紛紛歇業實為

可慮且可慮者店鋪而尤不獨在店鋪也即如各行帳局之幫夥統計不下萬人帳局收而此萬人者已成無業之民各店鋪中幫夥少者數人多者數十人一店歇業而此數人數十人者亦即成無業之民是帳局一收而失業之民將不可數計也此不可數計之無業閒民既無所事又不能歸終日遊蕩於京城之中又將何以處之 臣愚以為各行店鋪之歇業患在帳局收本而帳局所以收本慮在各行店鋪之將虧其本也而不能收擬請

旨通行曉諭各銀錢帳局務宜照常各按舊章到期收利換券不

宜盡將本銀收起。其換券利息。亦不宜較前加增。倘各行店鋪。有不能交利者。准。報。官。為。嚴。追。若店鋪現在開設。不得立追本銀。如此。則各行店鋪。可以暫保。再。請。將。欠。債。律。條。加。嚴。倘將來有各店鋪有虧帳局借本者。照。律。嚴。辦。務。為。追。還。如此則各帳局財東。亦可恃以無恐。而不必遽收。又聞現在典鋪多不肯當。即有當者。亦不過畧應門面。百千之物。不能當出十千。以致貧者益難為謀。應請並令各典鋪財東。設法如常應當。不可關閉。則貧者尚有轉移。愚昧之見。是否有當。伏乞

聖鑒訓示。謹
奏咸豐三年三月二十五日工奉都察院劄開奉
廷寄
上諭御史土　　奏近日京城銀錢帳局。立意收本。不肯借貸。以
致各項店鋪歇業居多。又店鋪多不收當。貧民益難謀生。等
語。京師根本重地。必得商賈通流。方足以安民業。著步軍統
領順天府五城。剴切曉諭。凡挾貲經運之人。均各照常出納。
毋得故意刁難。致使貧民失業。至開設典鋪。原以便民。應如
何設法開導。令其照常交易之處。妥籌辦理。將此諭令知之。

欽此。

銅鋪呈繳銅器無濟局用疏 附請招脅從以亂賊心一片

奏為禁令徒嚴。濟用無補。恭摺奏明請
旨事。伏查上年四月戶部議奏禁銅。令京城銅鋪。嗣後不准製造
五斤以上銅器。限一年內。將已造者售賣。逾限查出入官。其
不及五斤。并官民已經買用者。不論。立法至為妥善。乃本年
三月二十五日。戶部又有告示。令官紳有銅器在三斤以上
者。呈繳。此猶指官紳言也。三十日。又有告示。禁銅鋪造一斤
以上銅器。限三個月呈繳。逾限查出嚴辦。當此銅斤短絀之
時。原應設法收銅以資鼓鑄。然似此甫屆期年。法令迭更。何

以示信且銅器中有日用必需者如民間之飯鍋水壺多在
一斤以上并此禁造民用恐多不便若不便民而果能有濟
國用抑猶有說而無如其無濟也何則呈繳之事官紳可能銅
鋪必不能手藝生涯非有大資本者可比必禁一斤以上則
能改者改之不能改者匿之耳生計所在安能呈繳倘限滿
竟無繳者不知戶部又當何如挨捕搜查想部臣斷不出此
私造售賣即日久仍安故常名雖嚴禁殆亦與禁烟等是此
令固徒懸也令民情方甚惶惑而徒懸一不行之令使民驚
疑既已不可且此令止禁京城無論其不呈繳也藉使呈繳

用亦無濟京城內外銅鋪合計不過數百家每鋪繳銅百斤
合計不過數萬斤戶工兩部月需數十萬其何以濟夫軍需
孔亟用款浩繁凡在臣工同深焦急但有濟用之方咸思竭
力盡心豈願更生阻撓然勢既不行而用又無濟則臣實不
願部臣之為之也雍正四年曾禁銅器矣當時
國家威令森嚴民人奉法唯謹然且有名無實故乾隆元年即
行停止是此令雖能濟用亦屬難行況其本無濟乎然戶部
告示已行各衙門臣在中城暫未張貼各衙門恐難復收唯
有仰懇

大恩明降諭旨。著不必行。如捐舉人收鋪稅之利。立行停止。斯民皆歡欣鼓舞稱慶於道矣。臣非徒阻部議而不為鼓鑄計也。

臣自正月即奏請拆熱河珠源寺銅殿。以資鼓舞鑄。其時户議如何。臣未得見。近見内務府議。有核計拆運工價。所費不資。且坐落蒙古地方。尤屬觀瞻所寄等語。伏思當年建立銅殿之意。臣不能知。原不敢於妄議。若以為觀瞻所寄。則所係似輕矣。至拆運工價。雲南銅運。曾有因天津凍阻陸運抵通之案。自津至通二百餘里。運銅百萬。不過銷銀二千兩。熱河去京四百里。較之天津抵通。不過加倍。似運脚不至過費。至

拆卸之工。則熱河都統所屬兵丁。除調撥外。當必尚多。該兵
丁等。本食錢糧。令再加以津貼。日常操演之餘。使之出力。折
節、卸。能折得百斤者。給錢若干。既可熬練氣力。又復得所津
貼。於兵丁。亦無不利。聞銅殿廣有三間。每間之大過民房數
倍。計其為銅。當不止千、百、萬。但得銅六百萬斤。即可抵銅本
銀一百萬兩。若得銅兩千萬斤。即可抵銀三百餘萬兩。區區
折。運之費。又何足論。此舉一行。約可資戶工兩局二三年之
用。較之搜括商銅。似為得濟。倘有以佛像為疑者。則臣正月
所奏已詳。似可無慮。伏願

皇上宸衷內斷。飭戶部迅速辦理。勿更遲疑。非獨鼓鑄有資。亦使
商民安業。是否有當。伏乞
聖鑒訓示。謹
奏咸豐三年四月初六日上奉
上諭御史王　奏部議呈繳銅器無濟局用一摺。著戶部再行
妥議具奏。欽此。
再臣聞有被賊擄逃回者。據稱擄去之後。即以二十五人聯
為一伍。派兩長髮賊管帶。但令擄劫。自食不給口糧。有逃去
者。亦不甚追闞。湖北擄脅之衆。逃回現已大半。其派管帶之

長髮賊。亦非真正粵匪。大抵多湖南人。其髮不過留有數月。
較凡人加長。並非如粵匪之長。其人亦甚欲逃。而恐以髮長
見殺。故不敢逃。擬請
飭各統兵大臣。乘戰勝之威。多寫告示。射入賊中。凡被擄脅之人。
有能及早逃出者。即為。護送。回籍。免罹。鋒刃。有髮雖長而非
如粵匪之長者。亦許。免死。有能殺一真長髮賊來歸者。除免
死。外。按。首級。加。賞。有能殺其頭目以船來歸者。格外。重賞。如
此徧告。則逃來者必衆。逃來者衆。令其中識字者。多作。偽劄。
為。射。城。中。或。招。引。同。伴。或。約。時。接。應。以。亂。其。軍。心。臣又聞賊

中有花雲布號幸生者。貴州人。有何文渠號芸生者。江蘇人。為賊謀主。或作為信札。射入賊中。許以封爵。令其殺賊來歸。以亂其將心。軍將心亂。則人日散而賊日孤。真長髮賊不過數千。自不難於殄滅。惟逃來之中。亦宜嚴防有詐。必須收其器械。散其徒黨。置之遠地。想統兵大臣亦無不知此也。謹附

附前摺具奏

奏

請江臬司剿賊安徽疏　附陳兵事二片

奏為敬陳管見恭摺奏祈
聖鑒事。臣聞賊匪近日竄擾滁州鳳陽一帶。此路可以直犯中原。
關係非小。且聞向榮曾經有奏。惟此路恐有踈虞。江北統兵
大臣。何以全無防備。現聞有
旨令周天爵、呂賢基帶兵。該侍郎等固當益竭心力。然周天爵之
力足辦土匪。恐未足破逆匪。呂賢基一介書生。久任京秩。於
外省尚少經歷。安能知兵。倘有僨事。雖重治其罪。如　國事
何。現在文臣之能軍者。唯聞湖南臬司江忠源兵畧優長。多

歷戰陣。前已奉

旨令赴向榮軍營。近因廣濟兵變。奉

旨令俟劉辦事竣。再赴軍營。伏思民變。總由州縣之辦理不善。以致激成事端。但能開誠曉諭。懲治為首之人。餘民即可解散。與逆匪之輕重難易迥不相同。現在即有未盡事宜。亦儘可交署提督阿勒經阿辦理。且向榮老將可無事乎。江忠源伏望

飭江忠源即行馳赴周天爵等一路協力剿賊。再臣聞鄖陽總兵瞿騰龍勇畧過人。現在鄖陽似非喫重。應請

飭瞿騰龍馳赴周天爵等軍營以資得力再賊匪若赴鳳陽則與浦口相去幾三百里若於中間一帶擇要截其歸路則此一股可以悉數殲擒是否有當伏乞

皇上聖鑒謹

奏咸豐三年四月二十三日上

再臣聞現竄滁鳳之賊不過數千在金陵揚州者尚多若統兵大臣前往堵禦欲趨賊前則勢恐不及且賊已過清流關地勢平衍無險可扼而賊之在金陵揚州者陸續而來尤恐堵禦不盡若攻賊之中則賊之未過者不能過而賊之已過

者必回走。似亦致人之法。現訪之滁州人。據稱滁州若失。自滁州之東。進兵而西。能徑攻滁州。則善矣。或賊多難攻。或賊已守城。而我兵攻其清、流、關、之險。宜於滁州東郊。至沙河集。循白米山之麓。西南至於清流關。此東路循滁北而西攻者也。若能由三界集。至明光集。約淮北大兵同時並舉。淮北之兵。由珠龍橋。攻關之西北。滁東之兵。由滁北。循山麓以攻關之東南。則關可復。關復、則鳳陽之賊。與江揚之賊隔絕不通。在鳳者既易滅。而從此合攻 江寧。亦不難矣。臣既有聞。不敢隱默。謹

奏咸年三年四月二十三日附上

再臣聞浙撫以兵二百名守昌化之昱嶺關該處名為浙與
安省交界之所實與徽之歙縣交界去臣居僅四十里逆賊
現在安省江北與徽尚不相及安能遠由北路入浙且該處
昌化於潛一帶地瘠民瀉匪人雖不能無然未聞如廬鳳之
百十為羣者惟逃兵難民偶由此過容或有之應請
飭該撫令地方官立法以拏土匪之借端肆搶懸賞以緝逆匪之
逃竄潛蹤凡各鄉鎮村黨徧張曉諭遇有土匪滋事令該祠
族保正能捆送者即行捆送不能者即請嚴拏一經拏獲立

即重處遇有外来形迹可疑之人令各處旅店嚴行盤詰来
歷稍涉含糊即行送官審訊或係奸宄或係逃匪審明照格
重賞倘有逃兵成羣肆行搶劫者遵
旨格殺勿論如此辦理即土匪不敢起游匪不敢至幸無庸以兵
防守徒縻粮餉或且更滋擾害也若謂萬一有事不可不防
則此二百兵亦不過一走耳安能有益安省徽寧兩府情形
與此大畧相似臣上年十月曾經陳奏未奉
諭旨應請
飭安撫一併轉飭照辦至各省防守如浙之防昱嶺者恐復不少

請

飭各該撫詳查撤銷。以節靡費。實為幸甚。謹

奏咸豐三年四月二十四日同附上

請展闗閉錢鋪追限以恤商而利民疏

奏為闗閉錢鋪。請暫展追限。以恤商而利民。恭摺奏明。請
旨事。竊照本年二月。闗閉錢鋪甚多。定例錢鋪閉門。即將該鋪户押追。勒限兩個月。能將銀錢全數開發者。免罪。若逾限不完。送部照誆騙財物律計贓准竊盜論。一百二十兩以上。發附近充軍。蓋錢鋪兑換現銀。票存錢文。與借欠不同。故定罪從嚴也。然一定罪之後。即不復追。故闗閉錢鋪到案。有力求寬限交錢。不願送部者。亦有不求立限交錢。但願送部者。其不願送部者。蓋其虧本無多。第因一時取錢擁擠。猝不及應。不

得已而關閉者也其但願送部者則其虧已有素或早將銀錢藏匿或倒填年月立契預行買人頂虧有意於關閉者也夫不願送部則其意尚在交錢而但願送部則其意甚畏追錢本年自銀帳局收銀不放各行買賣轉運多艱不獨借貸驟難應手即收債變產亦難尅期若兩月限滿即行送部在該商之不欲負人有意復開者或以限迫而罹刑章不得遂其交錢之願其情既多可憫而奸商之有意藏匿拚充數年之近軍以圖終身之厚殖者轉得遂其不交錢之願其情尤為可惡民人持票但欲錢鋪之發錢不願錢鋪之治罪若錢

鋪之治罪者多即錢票之受者虧者益衆相應請
旨飭步軍統領五城凡關閉錢鋪兩月限滿交錢不足者准其展
限四個月勒令設法交錢即有已送部者亦仍發還勒追尚
限滿仍不能還再行送部治罪似可使本分商民得以從容
設措而奸狡商民不得便其私圖錢鋪多交一分即民人亦
無不利再聞錢鋪交部定發配以後更不交錢而例有交錢
仍准釋回之文各衙門將該鋪先繳之錢存積以待續繳不
遽開發以至懸宕數年票多成廢應請並
飭刑部將勒追無交之鋪戶定罪後即行知各衙門將繳存錢文

並各貨物變賣。按所虧票數。均、勻、撥、發。以、免、久、延。是否有當。

伏乞

皇上聖鑒。謹

奏咸豐三年五月初三日上奉

上諭太常寺少卿王　奏關閉錢鋪。請暫展追限一摺。著步軍

統領衙門巡城御史體察情形。酌核辦理。欽此

請用熟悉團練京員赴近畿試行督辦疏　附一片

奏為訪聞京員熟悉團練情形擬請

旨飭赴近畿一帶試行督辦以資防禦恭摺仰祈

聖鑒事竊自各省辦理防剿以來迭奉

諭旨令民間自為團練聯村築堡互相守衛而近京一帶尅期興築者甚屬寥寥此非奉行之不力實由於各鄉紳耆僅以空言勸諭並無熟手經理其於團勇之法禦賊之方碉堡之足恃者何在賊匪之不足畏者何在未能剴切曉諭則無以取信於民未曾身歷其事辦有成效亦不能剴切曉諭也　臣

等聞湖南夏姓、居鄉團練。築堡、自衛。上年粵匪竄擾、湖南。曾資捍禦。心竊識之。本年二月吏部候補主事夏家泰、曾上團練十八則。維時賊氛尚遠。而近畿一帶。未經議及。近來賊擾河南。籌防孔亟。又見該員偕其兄舉人夏家鼎擬有團練六條。臣等詳看所議。於、畿、內、設、立、百堡。俾家自為守。人自為戰。節節抵禦。處處防維。若果如此辦理。加以官兵剿辦。賊自斷不能近。且聞賊之在滁鳳也。聞、廬州、有團練、而不、敢、犯。聞、宿州、有、團、練、而、亦、不、敢、犯。是。團。練。實。為。賊。之。所。畏。果能團練有成。賊即斷不敢來。以此環衛京城。真所謂不戰而屈人之兵。

國家有磐石之安。閭閻無搶刼之患。似為至上之策。統計築立百堡。需費甚鉅。當此支絀之時。原未可以輕議。然築堡既成。則有兵之利。無兵之費。可以一勞永逸。視徵調防堵。所省不止數倍。賊勢一日未平。即防堵一日難撤。似未可惜目前之費。而不為久計。該員兄弟數人。在籍以團練殺賊。湖南人皆能言之。是該員等曾經辦有成效。尤應可信。惟南北殊方。地利夷險不同。物力貴賤亦異。且數被賊擾。與未被賊擾之民情。其勸諭亦有難易。該員所擬各條。能合與否。其費能省與否。必須試辦數處。方可酌定章程。竊思近日人情畏葸退縮。

者多。勇往任事者少。指陳利弊者多。曾經(閱)歷者少。該兄弟築
堡勦賊事宜。留心講求。曾(身)經歷。而現在近畿一帶。又應亟行
團練。以(資)捍衛。若非有人倡率。未免相顧因循。擬請
旨飭將吏部候補主事夏家泰。及伊兄舉人景山官學教習夏家
鼎。交兼管順天府大臣。飭令會同地方官。試行團練。先赴城
外大村鎮。邀集紳耆。力為勸諭。使民深信不疑。踴躍聽從者。
已有數處。即行給發官項。製備器械。明定章程。辦理團練。俟
團練得有一二十處。再行酌量地方情形。浚濠築堡。由近及
遠。漸次舉行。倘能練得百團。則堡寨雖有未完。亦足以資防

禦。再能築得百堡。則閭閻得所憑藉。尤足以安民心。若行之
或有窒礙。仍可隨時察覈辦理。斯各項不致虛糜。工力均歸
實用矣。謹將該員所擬團練六條抄錄。恭呈
御覽。是否有當。伏乞
聖鑒訓示。謹
奏。咸豐三年六月初五日與給事中雷　同上
再近來言團練者。又有內閣中書葉燦華所作防禦論一篇。語
語切實。該員係廣西人。似從身親經歷中來。如蒙
允准近畿試行團練。該員似可并交兼管順天府大臣。一同派辦。

又現任直隸鉅鹿縣知縣鄒培經。道光二十一二年間。在西
城副指揮任內。拏獲要案重犯極多。但有奉
旨交拏之犯。無不如期而獲。迭蒙
宣宗成皇帝優加議敘。均有案可查。如將該員調任京縣訪拏奸細。
必能得力。可否請
旨交兼管順天府大臣酌量調任。伏候
聖裁。謹
奏
同日上奉
上諭太僕寺卿王　給事中雷　奏京員熟悉團練。請飭赴

近畿以資防禦一摺。吏部候補主事夏家泰舉人夏家鼎內
閣中書葉燦華均著發直隸。交桂良差遣委用。夏家泰所呈
團練各條。並著桂良體察地方情形酌辦。直隸鉅鹿縣知縣
鄒培經著來京交順天府差委。欽此。

奏為摺片字有錯誤。敬謹檢舉。請

旨交部議處事。竊 臣 等於六月初五日。奏請辦理近畿團練摺片

內。將內閣中書葉燦章章字誤寫華字。當時未經看出。實屬疎

忽。理合檢舉。請

旨更正。並將 臣 等交部議處。伏乞

皇上聖鑒。謹

奏。咸豐三年六月初七日。奉

硃批王 等著照例議處。該部知道。欽此。

論懷慶統兵大臣勇怯疏

奏為敬陳管見恭摺密奏仰祈

聖鑒事竊 臣 聞三軍之命繫於一將將得其人則軍用命不得其

人則軍不用命故行軍必以選將為先

國家簡賢任能豈不欲得人而任也然而承平日久軍旅之事在

羣臣既多未學行陣之際非歷試亦無由知能者固難期不

能者亦難辨軍興數載賊氛日熾皆由將未得其人故也乃

今將帥之能抑若有可辨者聞懷慶剿賊之兵四路獨勝保

立營距賊僅數里餘皆駐二三十里外是其勇怯已見勝保

所報勝丈。皆屬進攻。非他路賊至始出。名勝實敗。武弁一傷十二員之比。且所報情形調度。瞭然明白。非他路逞放鎗礮。粉飾支離。令人難解之比。是勝保之能軍又可見。今粵匪皆百戰之餘。敢以孤軍深入險阻。攻城不克。環立十餘營。以戰則分頭邀截。以守則聯絡相應。賊中固有能者。然我軍若四路並進。或邀其前。或截其後。或搗其中。使賊之連營不能相顧。似不難一戰而破。數戰而滅。乃兵雖四路相持。月餘。獨勝保屢次進攻。而他路之兵。但能飾詞報捷。不能出力協剿。即如近日勝保獲勝。在初六日。東北正東二股。僅托明阿善祿本營之人。其餘三營未聞相助。恩華雖亦奏獲勝。而在初八日。其初六初七等日。不過帶說擒斬數十名。所稱丹河南岸。不知距賊若干里。距勝保戰處若干里。施放鎗礮。竟為勝保所不聞。則其遠可知矣。查勝保初六日之勝。頗為調度得手。若恩華於是日督令大隊會齊進剿。似足大破賊營。而惜乎施放鎗礮。僅在丹河南岸。而惜乎李德一軍。更不知其何在也。勝保進。而諸軍不前。勝保戰。而諸軍不動。勝保勝。而諸軍不知。鼓舞亦安用諸軍為耶。再查恩華初八日之勝。令兵過河燒賊所踞民房。是其房並無賊也。隔河施放鎗礮火箭打入賊壘。是其時未見賊也。過河者為兵丁。隔河者為遊擊。是遊擊已不敢過河。而他更無論也。燒燬木城數丈。賊匪突出百餘人。是此時乃見賊。而賊固無多也。賊匪直撲我軍。躍馬當先。乃一外委。則其餘可想矣。此時不放鎗礮。是鎗礮於未見賊時已先放盡。又可想矣。夫恩華督令各營出戰。其兵當有數千。以數千兵遇百餘賊。若揮軍圍之。則賊必盡。若以一軍繞其後。乘燒燬數丈之處。以攻其城。則城可破。而皆不聞。是其軍無主持。是其將多畏縮也。本營打仗如此。而他營之不相聞。更可想矣。夫人各有能有不能。所不能者不可沒。所不能者原不可强然為巨室必使工師治玉必使玉人況軍旅大事安得不任能者軍中得一能人未必即足濟事而任一不能人則必足以誤事各路統兵情形如此總統如納爾經額速賊百里接仗情形尚未得見安能臨機決勝乎夫兵謂之機臨機應變蓋有間不容髮者是殆非遠隔百里所能知也且賊計百出不乘其計之未定協力撲滅坐事遷延事機必且又變方今能者不易得若得之而不用用之而不使各路之兵皆為所用則必不濟用而不能統全局而大勝大破之終亦與不用等幸得一勝保能既已見用即宜專伏

望

特旨命恩華共勝保合為一。軍恩華為宗室懿親。必有推賢讓能

之美。而無妬賢嫉能之心。勝保有功。即皆恩華之功。其總統

訥爾經額。但令遥作聲援。不必勉强輕動。而其所帶弁兵。與

各路弁兵。均飭聽勝保調遣。有畏縮者。許以軍法從事。庶可

剋期並舉。四面進攻矣。賊在懷慶。如在肘腋。一日不滅。北方

不安。不獨各路進剿之兵。其費難計。即京城與直隸東西各

省防堵之費。亦甚難計。擇能而使。行軍勝負之機。即天下安

危之機。破此一股。然後可及他股。伏祈

皇上立奮乾斷。勿更瞻顧。周旋。軍機大臣祈寯藻。忠蓋有餘。剛斷
不足。語言唯恐傷人。知勝保之能。亦未必即敢力言。用人大
柄。專賴
宸裁。天下幸甚。臣愚昧之衷。但有所見。不敢敢隱默。謹繕摺密
奏。
聖鑒訓示。謹
奏咸豐三年七月二十日上

請寬貸賊中逃出難民以解脅從疏 附陳懷慶軍情一片

奏為賊中逃出難民請從寬貸以符

恩旨而解脅從恭摺奏祈

聖鑒事 臣伏讀本年正月初八日

恩旨被脅之民不從則先死於賊從之則又死於兵顓愚何知自

罹陷阱古人有云殲厥渠魁脅從罔治朕仰體

上天好生之仁何忍概行誅戮如有被賊裹脅自投來歸者不妨貸

其一死等因欽此又讀六月初七日

恩旨從前被脅之徒但能改過自新亦可同邀寬典各該大臣文

將軍督撫等。即刊刻謄黃徧行曉諭。咸使聞知。等因欽此。仰
見
皇上幬載同量。矜恤無辜之難民。亦已至矣。乃近聞步軍統領衙
門。拏獲賊營逃回軍犯孫東兒一案。經刑部訊明孫東兒藉
隸宛平。於元年行竊犯案。擬軍刺發浙江安置。本年三月初
二日。孫東兒因配所窮苦。乘間脫逃。沿途求乞。四月十九日。
走至臨淮關附近之二十里鋪。遇賊匪千餘踵至。孫東兒腿
生瘡疥。行走遲慢。被賊追獲。逼令跟隨服役。不允即行殺害。
孫東兒畏懼應允。隨入賊營。給伊紅巾裹頭。衣服前後各釘

黃邊紅布一方。更名孫玉。給腰牌。派令在屋煮飯。不准出門。二十八日。四更時分。賊匪欲竄汴梁。令孫東兒背負白米兩傘等物。隨同起身。維時天色昏黑。人多雜亂。即乘間逃出。避至河邊。將紅巾等物撩棄。仍沿途求乞。於六月初三日。到京。初八日被官役訪獲。該部研審。知非甘心從賊。已屬可信。因擬照謀叛案內被脅入夥。並無隨同抗拒官兵情事。改發新江給官兵為奴例。從重發黑龍江給披甲人為奴。到配再加枷號三箇月。以示懲儆。仍照例刺字完案。伏思本年

恩旨疊降。皆為脅從可矜。特施法外之仁。所謂脅從者。蓋被脅而

久經從賊之人也此案孫東兒以竊犯在配逃走自屬有罪
然核其遇賊被脅煮飯不准出門迨賊竄汴梁即乘天黑人
雜逃出行乞還京是其被脅煮飯之時已刻刻存心欲逃
之志雖在賊營九日並無從賊之心且賊中煮飯日可飽
餐乃不甘從賊而甘行乞其情可憫其志尤屬可嘉直
可謂之脅而未從刑部辦理此案似宜將賊營逃回一層謹
遵
恩旨寬貸但照逃軍加等定擬聲明請
旨以臣意度

皇上。雖因逃軍例應加等。必且念其不甘從逆。行乞歸來。之可
矜。
恩施格外。稍從末減。乃刑部未將
恩旨聲敘。遽照謀叛入夥從重科斷。似已未協。夫窮民遇賊。非其
罪也。力不能拒。勢無所逃。此正
恩旨所謂不從則先死於賊也。彼未讀書入任者。安能責以抗節
而死。但能不甘從賊。乘間即逃。斯其意中知有
國家。知有王法。已可寬貸。若復律以謀叛入夥。是使遇賊被脅之
難民。更無可還之路也。是使現在賊營之難民益堅從賊之

心也。且聞金陵揚州解散兩湖脅從之民。不啻萬千。將一一
律以此法乎。抑不律以此法乎。現在懷慶軍營。於賊中脅從。
方當招撫之不暇。刑部如此辦理。尤屬非宜。若以為拘於成
例。獨不思顯違
恩旨乎。伏乞
皇上飭刑部將此案即行改議。以符
恩旨。再昨日又見北城奏獲賊營逃回之滈于銀子一案。聞其案
與孫東兒畧同。而多隨賊打仗。殺傷官兵一層。將來刑部
勢必以曾經殺傷官兵。從重擬斬。不知惟曾殺傷官兵乃所

謂脅從也愚民為賊所脅驅以嬰鋒鏑於前而操利刃隨其後其勢如箭在弦上不能自主但能乘間逃歸即屬自知悔罪正

恩旨所謂改過自新可邀寬典者應請

飭下刑部均遵

恩旨辦理不必於脅從之中論其是否殺人但當於到京之後察其是否奸細如是奸細雖未經殺人亦當殺如非奸細雖曾殺人亦可寬夫賊營逃歸一二人臣豈有意力為出脫第思罪一二人之事小阻千萬人逃歸之心則所係甚大故非獨

大辟重罪不可問即徒流以下亦不可加一加之罪即非脅
從罔治之義即非
恩旨寬貸之意矣蓋刊刻謄黃咸使聞知者招之使歸也若來歸
而又罪之其何以信天下且此逃歸之人若為賊所追獲賊
必殺以戒逃者今幸賊未獲而我乃獲而殺之是為賊戒逃
也賊聞之必且大快曰某也歸今殺矣爾等有欲歸者乎聽
聞者必不敢歸賊反[可]借此以示恩矣殺一人而足以寒賊膽
者則必殺如王孝之爬城是也殺一人而足以快賊心者則
必不可殺如孫東兒等之逃歸是也所責能殺賊者殺賊中

未來之人耳。已來則所謂既入其苙矣。又何罪為。或謂人來賊營。難保無受賊指使暗作奸細情事。雖不宜加罪。似不可不拏。不知賊之裹脅徒眾。不過以供驅使攩槍戳耳。豈遽任以腹心耶。奸細秘密。必其信任之人。裹脅者安得與聞。安能代做。雖人自賊營逃回。在地面官既有所聞。不能不問。然此時所重。唯在奸細。一層。賊自鳳陽以至懷慶。沿途裹脅。不知凡幾。得聞

恩旨。將來陸續逃回鄉里人等。正恐不少。若皆一一拏交刑部。未免多滋擾累。非

恩旨特降本意應請
飭下步軍統領順天府五城將前奉
恩旨重行宣布出示曉諭凡有在京商民人等因事出外被賊擄
脅旋即逃回者准其自行呈明邀同親族出具不甘從逆不
做奸細如違連坐切結免其拏問即有未行呈明致被拏獲
者但有親族敢為出結即可釋放仍責成保甲人等留心訪察
如照常各執生業毋許擾累如此辦理斯
恩旨允孚而賊中被脅之徒咸願逃歸矣臣愚昧之見伏乞
聖鑒訓示謹

奏咸豐三年七月二十八日上

再臣於本月二十日因上封奏。荷蒙

召見。諭知一切。仰見

聖明洞鑒。千里如在目前。

廟算無遺。決勝自易。臣實不勝欽服。唯四路進攻一層。臣退歸尋思。尚有欲行上陳者。臣質性至愚。本不知兵。竊嘗以作文之法推之。凡文之前後起伏照應。奇正相生。虛實相間。必以一意行之。而後卷舒能一氣。若以數人分段為之。即不相聯貫。不能成文。如用兵之道。殆亦如是。如一人通籌全局。某處宜先攻。某處宜後攻。必應先有分別。迨意中注定宜攻之處。或先從攻處入手。或不從攻處入手。而轉從不必攻處入手。又必先有成謀。至定何處入手矣。何處宜埋伏。何處宜照應。以至奇正虛實之處。莫不各有其宜。此未戰之先。所謂謀定而動者。已應如此。至出戰以後。臨機應變。出奇無窮。則尤所謂運用之妙。存乎一心。若兵歸各路。不由一人調度。雖約定期日。同時進攻。如文之篇幅相聯。而意勢不相聯。終不足以成文。故扎營不妨分各處。進兵不妨分各路。而調度必須歸一人。方足以期得心應手。伏見二十四日

諭旨內。訥爾經額、恩華、所奏獲勝情形。業已各路會合。仍未破一
賊營。未見十分得力。且聞河南人言。官兵多不打仗。專守清、
化、鎮。清化固屬緊要。然能剿賊、則清化自無賊來。不能剿賊。
則、清化、亦、豈能守。聞清化距丹河二十里。兵行二十里、而戰。
則足力疲。而人亦全乏。得力自難。且丹河距懷慶又二十里。
賊營緊繞城外。恐丹河未能望見。勉强至此。似屬無益。現聞
懷慶城內糧已將盡。急不可言。若不迅速解圍。勢將難保。況
聞山陝巡撫。均非能軍之才。多不足恃。懷慶稍有疎虞。西北
各省。恐不可問。想

聖心自有主裁。而臣實不勝過慮。謹將愚昧之見附片密陳。伏
乞
聖鑒。謹
奏咸豐三年七月二十八日附上

再請寬脅從疏 附陳軍一二片

奏為請寬脅從。再行瀆奏。恭摺仰祈
聖鑒事。臣聞人主能聽言。而不能使臣之必言。不可謂真能聽言
之主。人臣能進言。而不能致君之必聽其言。不可謂真能進
言之臣。臣於上月二十八日。奏賊中逃回難民請從寬貸以
符
恩旨一摺。迄今數日。未奉
諭旨。中心遑迫。夙夜難安。伏念賊營脅從難民。本年自正月來。疊
奏

恩旨。許以自投來歸。均從寬貸。今遇賊被脅。逃回之人。復拏交刑
部治罪。是使
恩旨不信。於天下。矣夫信國之寶也。民無信不立。聖人雖至去食
去兵。而終不敢去信。以
皇上之聖明。豈不知此想
聖意固自有在。或俟讞于銀子案刑部議奏。再行
加恩。或以賊中逃回之人。究難保無奸細。雖臣摺前曾申辯。尚有
未能釋然於
聖心者。臣愚刑部審辦一案。類須經月。若俟案定。則孫東兒之發

遣。已。遠。滈旅銀子之受刑已多。雖再加以
恩施。似仍未符。
恩旨。若以此中難免奸細。則臣竊謂可以無慮。臣前摺特詳賊情。
斷其必不信任。今請更徵往事。亦覺自來無聞。伏讀川楚案
內。嘉慶四年。
仁宗睿皇帝諭旨。惟是教匪迫脅良民。及遇官兵。又驅為前行以膺
鋒鏑。甚至剪髮刺面。以防其逃遁。小民進退皆死。朕日夜痛之。其
宣諭各路。賊中被脅之人。有能縛獻賊首者。不惟宥罪。兼可邀恩。
否則臨陣投出。或自行逃散。亦必釋回鄉里。俾安生業。難民無田

廬可歸者勒保即督同劉清熟籌安置如何資送還農如何編丁占籍相度經理並先徧諭川陝楚豫地方使咸知朕意等因欽此

又奏

諭旨教匪奔竄數省嘯聚十餘萬大半附和脅從斷無邪教如此之眾蓋從教之與從逆情罪輕重殊科其邪教本律除倡首傳徒之犯例應斬決外餘止遞減流徒至其焚香奉佛持齋誦經尤律所不禁乃州縣吏藉查邪教為利藪任胥吏之嚇詐以一人累多人以一案牽多案公差四出暮夜捕人幾與查辦叛逆無異自後查辦邪教其投出難民回籍之後不得動以川楚邪黨妄行處治等

因欽此。臣竊思之。夫所謂臨陣投出之人。非自行逃回者比。迨至
投出回籍之後。而猶焚香奉佛持齋誦經。則尤可疑。此中豈
能保無奸細。而當日安置之資送之禁不得查辦處治如此。
此皆見於
聖諭者。又查嘉慶元年。川督破龍山之賊於旗鼓寨。將投出二千餘
人。誘入城坑之。四年七月事覺。
仁宗睿皇帝以教匪強半脅從。何以終不就撫。聞湖北殺旗鼓寨降
人邀功。諒各路若此者多。堅賊黨從逆之心。失朝廷招撫之信。
命將川督褫職逮治。又嘉慶六年。副將蕭福祿剿賊渭北。生擒一千

二百餘人時山上多脅從難民蕭福祿不宣諭招宥即圍
攻戲之
詔盡釋所俘千餘人降蕭福祿參將時渭北久旱
詔至即雨臣又竊思之賊中降人必為攻剿所迫勢無可逃而後降
者此與自行逃回已屬不可同語至生擒者則並降意無之
其為奸細尤屬可慮乃當日於殺降者逮治之於生擒者盡
釋之初不慮其為奸細也而亦不聞其為奸細也而且盡釋
之
恩詔一頒久旱之甘霖立降天人交感如此其速也是則賊嘗逃

回之不能為奸細已可無疑方今逆賊披猖到處蹂躪各省
大吏不足恃各路軍將帥不足恃各營兵力均不足恃所
恃者
列聖之深仁厚澤久深入乎民心
皇上之愛民如子又固結乎民心民心實服我
國家也然而數年以來民苦於賊又苦於水又苦於貪黷之
地方官兼之兵馬之過境不能不資於民團練之經費不
能不出於民軍餉之捐輸不能不籍於民所以固民心者獨
賴

皇上恩旨疊頒讀者咸知感頌
皇仁耳若
恩旨有不信民心其尚可固乎民心不固天下其尚何恃乎臣愚
伏願
皇上敬
天法
祖前以
祈穀壇大祀
恩旨特頒今當

社稷壇大祀再將
恩旨重行宣布將孫東兒滄于銀子不待刑部定擬立行改釋臣
知必萬姓歡呼
天心感應逆賊可計日滅矣釋一二人之事雖小而所關甚大謹竭
愚悃再行瀆奏伏乞
聖鑒訓示干冒
宸嚴罪無可逭然受
恩深重不敢逃避臣無任戰慄待
命之至謹

奏咸豐三年八月初六日上

再臣見內閣學士勝保屢因軍營差委乏人請飭。臣於本月
所保試辦團練之內閣中書葉燦章初本不識其人。但見其
防禦論。似多身親閱歷之語。訪知為廣西人。意其於團練必
曾親歷。是以保其試辦。自奉
旨發往直隸後。曾與該員見過數次。詢以在廣西鄉間情形。據稱
當辦團練時。屢與賊接仗。因該處知縣與為同心。頗多獲勝。
言及行間軍務。一切似頗習諳。現聞保定於團練一事。尚無
辦理章程。該員在彼月餘。殊無所事。又新授安徽甯池太廣

道桂清前奏
旨交訥爾經額差委。現懷慶圍解。北兵可撤。可否請
旨將該二員交勝保帶赴江南。以資差委。伏乞
聖裁。又聞有已革參將佟攀梅漢軍旗人。戊戌科一甲二名武進
士。武藝優長。箭射尤準。隨賽尚阿赴廣西。曾以軍功
賞戴花翎。因與烏蘭泰意見不合。被參革職。現在廣西未回。廣西
賊匪原未淨盡。請
飭該撫查看。如該省不用。似可令赴江西交江忠源差委。有用之。
林。翼。罷。似。為可惜。謹附

奏。咸豐三年八月初六日附上

再臣　聞前調察哈爾兵馬到京時。由城外赴
南苑。人爭趨看。見其兵丁多形怯弱。馬匹亦瘦。且兵在馬上。間
有控鞍若惟恐墜者。間有竟墜下者。此種兵馬。似僅可壯軍
威。難濟实用。現所調馬五千匹。臣在衙門。見已報倒斃一千
二百五十餘匹。蹄腿受病不能乘騎者。又六百匹。兵丁病故
者。雖未得確數。然聞亦不少。水土不習。殊堪憫惻。現在懷慶
圍解。似可善刀而藏。且省縻費。應請乘此即行
飭令早為資送回牧。保全實多。謹

奏。咸豐三年八月初六日附上

請遏土匪之萌疏 附片 陳安徽江山西兵事一片長江添水師一

奏為請遏土匪之萌。恭摺奏

聞請

旨事。竊臣於四月二十三日。因聞浙撫以兵二百名守昌化之昱嶺關。其地去臣居四十里。曾附片奏陳。該處名為浙與安省交界之所。實與徽之歙縣交界。逆賊在安省江北。不能遽由此路入浙。且該處昌化於潛一帶地瘠民湻。匪徒雖不能無。然未聞如盧鳳百千為羣之事。請

飭該撫令地方官立法以筭土匪。懸賞以緝遊匪。無庸以兵防守

盧。麋。餉。項。詎本月十七日。接到家信。稱七月初九日。有杭州信足五人。帶洋錢信物三担。於午未間行過昱嶺關、里許。突見山林中跳出匪徒十餘人。持刀截阻。刀傷二人。將担刼去。該信足等奔十餘里。至老竹嶺腳村庄。鳴保喊救。該村庄邀集多人。尋踪追捕。當日傍晚。即於窮崖絕壑中。拏獲匪徒六人。次早聞該處附近百丈崖下。有匪二人。已跌斃一。一傷而未斃。逃在昌化之都亭地方。當將拏獲六人送縣究辦。供出此案共三十人。黨與共有百二十餘人。多係鄰近州縣匪徒。現來三十餘人。分為兩班。一班在昌化臨安縣地方。一班在昱嶺左近地方。均做小本營生。使人不疑。臣 見信不勝駭異。伏思該處為由杭入徽咽喉之地。竟有匪黨潛聚。圖謀截刼。白晝肆行。實屬從來未有。若不趁此初起。將獲案之匪。根究黨與姓名住趾。全行拏獲。將來必致愈聚愈多。不可撲滅。現聞江西之賊。分竄饒州樂平。緊逼徽界。與前次情形不同。若兩省地方官。因臣 前奏逆賊不由此路。遂連土匪亦置不問。則臣 不但有誤

國家。且貽害鄉里。臣之負罪實重。伏乞

皇上嚴飭安徽浙江各巡撫。轉飭各該府縣。將此百餘土匪。悉數捕治。以遏其萌。其捕除之法。貴用土人。即如現在之案。亦賴

土人趕緊追捕立即拏獲若俟差役捕治則曠日遲久匪
已遠颺且該處多山深石陡人跡罕到之處差役斷不能到
應請
飭各該撫令該地方官無庸官兵無庸官役但將三月十四日
所奉捕獲搶刦土匪即行正法紳民合力緝拏格殺勿論
之
諭旨於土匪出沒之處廣行宣布重立賞格令該處附近村庄有
能捕獲者照格重賞期以必信如此則土人必出力搜捕而
匪不敢停可以截匪之流至現案供出有姓名住趾之夥

黨。即責令該匪等所居地方之祠族。立限交人。期以必獲。如
此則各地方一有匪類。必即送官究治。而匪不敢出。可以清
匪之源。該地方果能如此辦法。不但土匪可清。即逆匪勾結
之弊。亦可以杜。各縣辦理得力者。即行奏請獎勵。臣　為情迫
鄉里激切上陳。伏乞
皇上聖鑒。謹
奏咸豐三年三月二十二日上
再臣聞現在江西逆賊。竄擾饒州樂平等處。該處與徽州之
婺源祁門。緊相連接。徽州處萬山之中。四面交界之處。多有

崇山峻嶺天險可守守徽州與他郡不同他郡務在守城垣
徽州務在守邊界邊界守得住全郡可保若邊界不守全郡
即將糜爛城垣卑薄亦斷無能保之法本年自春以來臣疊
以此意致在籍紳士江西有警務請本府赴婺源祁門督辦
團練防禦乃至今僅聞休祁兩縣協力設防而婺源無聞知
府亦未曾到祁婺等處若知府坐守府城置邊界要隘不問
將來勢必不保相應請
旨飭安撫飛劄該府馳往婺源力辦防堵墻實為幸甚謹附
片

奏。咸豐三年八月二十二日附上

再臣伏讀

上諭。知勝保已繞出賊前。定可扼賊北竄。惟思華等督領大兵。雖云計日可到。究未知在何日。若稍事遷延。平陽城大而固。設賊匪布置周密。勢又難以攻破。兵貴神速。伏乞

皇上嚴限諸將以必到之日。到即與勝保等合力圍攻。勿更似懷慶之遠駐隔河四十里外。實為至急。至賊在懷慶。人人皆知其必竄山西。以西路虛而哈芬不足恃也。今大兵率由東南兩路追勦。或繞向北路迎截。必無暇計及西堵。陝省為富厚

之區亦形勝之地其毗連山西之各關各渡處處可通分兵
設防不如扼要堵截蓋兵分愈單名為無處不防必至無
處能守若聚各防兵以扼其要則兵力既足以守而餘處亦
無虞防聞陝督舒興阿駐紮陝西距賊固屬甚遠即桂明駐
守潼關亦未得力潼關之上為大慶關等處地勢平衍無險
可扼雖經張祥河派委道府帶兵往守桂明亦分兵協防但
延袤幾三百里斷難節節堵禦惟有過河扼其來路則沿河
一帶皆可無虞且令賊知平陽西路駐有大兵必不敢覬覦秦
蜀相應請

旨飭令舒興阿移駐山陝交界近地。如蒲州等處。即入陝之咽喉。
並令桂明過河紮營。作背水陣。為有進無退之計。則賊聞而
膽落。並望
飭下訥爾經額。速調官兵防守平陽西路。毋令再蹈懷慶之轍。方
可一鼓殲除。自來各省言防守者。緊要之地。不過派委員弁
兵卒無多。其大員率擁大兵駐紮遠處。為藏身之固。以致賊
到即破。此時各路防守大員。務令逼緊駐紮。既可大壯軍威。
尤便相機協剿。若有以離賊遠處為必宜守者。即係飾詞。以
遂其畏縮之情。各省故智。必不可許。自更難逃

聖鑒。

再聞懷慶賊之竄垣曲。並非一日。未敗之先。早已零星陸續而行。故賊竄時不見多。一入山西境即見多也。現在山陝交界各關津渡口。務令嚴密盤查。非其地者。勿使混過。防守各兵。亦宜時出巡哨。以緝游匪與敗逃之匪。並偵探消息。乘機出力。以圖進攻。毋徒安生不動。實為幸甚。至賊匪屢見坐黃轎之頭目。恐其有詐。或故為此誘我兵爭往兜圍。而真頭目反乘間逸去。似亦不可不慮。賊情叵測。即兵丁爭搶旗幟器械以圖報功。亦恐非行軍所宜。想統兵各大員。諒皆籌及。

臣愚昧之見。偶有聞見。敬以上陳。伏乞

皇上聖鑒謹
奏咸豐三年八月二十二日附上
再臣聞江南省城久未攻復之故實由於水師無兵無船不
能制之於江面自金陵達江西長江千里賊艇往來任意沿
江各郡恣其蹂躪糧以搶掠而不斷衆以裹脅而愈多悉由
於此此時若造船禦敵恐需時日鄰近如浙江水師最為軟
弱亦復無船可借閩洋現值有事之時惟廣東水師二萬餘
名歷年操練捕盜打仗最為得力船勇亦多驍健善戰於水
面剿賊最宜合無仰懇

天恩。飭下廣東督撫臣。迅調水師官兵三千名。多帶洋礮大礮。配足火藥鉛丸軍械。簡派得力之水師將弁管帶。迅由海道吳淞福山各口。會赴江南合剿。其師船不能入江。即將前次向崇大營請調之廣東拖船快蟹紅單等船。駛入長江應用。各船有遲滯未經起程者。催令迅即出洋。有船小不能出洋者。令水師船隻帶往。有中途逗遛者。令沿海督撫飛提嚴催。尤

祈

諭知廣東督撫臣不分畛域。毋得藉詞推諉。總期速赴大江將賊船盡數轟擊焚燬。則江南江北兩岸之賊不能互相援應。而

江南安徽境上之賊船歸路亦斷。勢必如鳥獸散矣。曠日持久而費不支。不如厚集兵力以博一戰。可期速告成功。臣愚昧之見。伏乞

皇上聖鑒。

咸豐三年八月二十二日附上

請保軍營人員以廣儲羣材疏附陳安徽軍事一片京城試行守望相助一片

奏為請保軍營人員。並呈條說。恭摺仰祈

聖鑒事。竊維行軍以將帥得人為先。而尤以廣儲羣材為要。現在

天討特申。

命惠、親、王、為奉命大將軍。僧、格、林、沁、為參贊大臣。統領諸軍。固已

聲威大振。指日即可掃蕩妖魔。惟軍務在在需人。必兼資於

羣策羣力。茲訪有前部任工部主事現揀發湖北知州鄧、維

鍵。係四川進士。該員素性樸誠。留心。武。備。前於道光二十一

年。因暎夷肆逆。在部呈遞平、夷、車、礮、火、攻、圖、說。經工部堂官

代奏軍機大臣傳奉
宣宗成皇帝諭前這圖說狠好狠費心了圖說交本人帶往軍營交
楊威將軍閱看當面商酌圖說封好不教人看欽此該員前
赴浙江軍營幫辦文案製毒火藥管帶鎗勇在營有案三十
年四月在部呈遞未雨綢繆論請行團練修武備嚴操水陸
軍兵未經堂官代奏咸豐元年在部呈遞密務論並團練事
宜十二條又經堂官代奏在案查該員前後所上論說事宜
雖未盡用然其平日留心時務講求武備思患預防之心似
可概見該員現揀發湖北以知州用湖北現尚無事該員前往

不過聽候差委。當此軍務需人之際。但有一長可取。即屬有
用。可否請
旨將該員交大將軍察看差委。恭候
宸裁。又福建舉人林、昌彝、近因呈進三禮通釋。奉
旨著以教授歸部銓選。該員學問。固屬優長。而於濟時之務。尤多
究心。前因噗夷滋事。曾著有破逆志四卷。平賊論二卷。及平
夷十六策。近見粵賊肆擾。又擬有軍務備採十六條。該員體
質荏弱。難任差委。謹將十六條抄錄。恭呈
御覽。請

旨發交大將軍以備採用愚昧之見伏乞

聖鑒謹

奏咸豐三年九月十六日上奉

上諭太僕寺卿王　奏福建舉人保奉軍營人員一摺揀發湖北知州郭

維鍵仍著前赴湖北原省毋庸交巡防王大臣差委欽此

上諭太僕寺卿王　奏福建舉人候選教授林昌彝所著軍務

備採十六條並繪圖式呈覽等語著交巡防王大臣閱看以

備採擇欽此

再臣聞現在安徽告急江忠源尚未趕到臣前保刑部主事

楊熙回籍募勇。於五月十八日奉

旨准其回籍募勇。投効軍營。該員於五月二十四日。由京起程。計

此時當已自川帶勇在途。請

飭四川總督。暨湖北江西各巡撫。查明該員無論行抵何處。即行

催令趕赴江。忠。源。軍營。隨往安慶盧州等處。協力剿賊。似亦

可資指臂之助。謹附

奏咸豐三年九月十六日附上

再臣思此日時勢。以安民。為第一。要。義。而欲民心之安。必先

予以安之之法。自賊匪竄入直境。愚民未免驚慌。不慮逆賊

之外來先愁土匪之內擾蓋外城與內城不同內城猶多土著比户相依外城則五方雜處有業鋪户雖同在一街市者平素絕不相聯閒遇火盜等事惟該户人自行搶救鄰近街坊非袖手旁觀即閉户不問蓋聯絡無數素往恐見疑且盜有器械民無器械盜有黨與民無黨與往尤懼害非人情之不欲救援實民心之不敢救援總由素不聯絡以至如此至於無業游民不呼自集如上月西珠市口民居失火倏忽之間即有短衣徒手之人千百為羣擁擠雜沓大半皆係希圖搶掠是以民情處無事時則恬然相安遇有事時則惶然難

安。令。欲。為。安。民。之。法。必。得。古。人。守。望。相。助。之。意。近見五城辦理保甲章程。令各户各出壯丁一名。無事各安生業。有事互相救援。用意甚善。惟事屬創始。無人為之倡率。恐其罔所遵循。臣住宣武門外大街。特邀集大鋪户十餘家。以五城之意告之。察其願否。各鋪户聞臣所言。係令其自相聯絡以為保護。咸欣然樂於從事。臣見其並不驚疑。因令大鋪户再往勸衆鋪户。兩日之間。通街傳徧。無不踴躍願從。看此形情。守望相。助。之。法。實。足。以。順。民。情。而。安。民。心。此法若行。從此盜賊偷竊之法。似可少弭。即如上年老虎洞搶刦之案。亦因街以莫

敢過問是以盜賊得以肆行若盜刼一家而通街左右各家
皆起救援兩頭從而攔截之盜亦何由而逃臣擬將通街各
户聯絡既定告以條約即將辦理章程報明步軍統領五城
衙門立案備查如官紳商民人等有願倡率為保衛計者亦
令仿照辦理事既甚便於民亦且有益於官伏願
皇上俯順輿情允准照辦於安撫民心之道實有裨益臣愚昧之
見是否有當伏乞
聖鑒訓示遵行謹
奏咸豐三年九月十六日附上

請破格用人以期得力疏

奏為請破格用人以期得力。恭摺奏祈

聖鑒事。伏讀

上諭。前據周天爵保奏江蘇舉人臧紆青當有旨令其督帶練勇。協同剿匪。茲據奕經奏該舉人剿匪甚為得力。臧紆青著以通判留於安徽補用。欽此。仰見

皇上簡用才能不拘資格至意。然臣竊以為如此用臧紆青恐猶未足以資得力也。何則臣聞臧紆青才氣甚大。不能謹守繩尺。以受約束。其在宿遷辦理團練。可以盡其才力之所能至。

無人得而牽掣。即與周天爵協同剿匪。周天爵唯言是聽。
是以能於得力。今以通判歸於安徽補用。安徽府道以上之
員。皆得而鈐束之。安能任其所為。且其所辦團練。多其鄉里。
宿遷之舉人。得而督率之。安徽之通判。不得而督率之也。若
去其團練。而專用其人。是剪其羽翼爪牙。以使歸於無用矣。
臣愚以為莫若令其督率練勇。隨呂賢基協同剿匪。呂賢基
熟悉其性情才力。自必樂為所用。俟其剿匪剿賊。大著功績。
再令保奏請
旨破格擢用。以嘉其勞。方今所患。在無將才。然天地未嘗不生才。

不在於上則在於下凡處鄉而能團練數千人唯其所用者
其人皆有將才之人也以有才之人而交與無才之人用上
既不知所以用而下又不樂為用則有用亦歸於無用矣即
如前任副都統德順現放安徽道桂清二人皆能奮勇殺賊
者內閣中書葉燦章在廣西率練勇破賊頗能調度有法
者若令合為一隊使之與勝保協力剿賊必能見功自發交
直隸差遣直督不知所用遂使至今無聞有用者之歸於無
用即此亦可見一斑矣伏望
飭直督特派該三員帶兵赴剿當可得力伏乞

聖鑒訓示。謹
奏咸豐三年十月初二日上

論兵貴神速進剿不可坐守疏附安徽採買米石片

奏為敬陳管見恭摺密奏仰祈
聖鑒事。竊臣聞行軍之道。貴揣敵情。尤貴審己。所謂知己知彼。
百戰百勝。逆賊北來。意在窺我虛實。以圖大舉入寇。觀其屢
次窺竊渡河。竟由溫而至懷慶。迨為勝保所追。勢不能北。乃
入山西。由山西曲折奔馳。不竄陝境。而仍竄直境。其情可見。
臨洺不守。我
皇上赫然震怒。將訥爾經額恩華褫職逮治。
特簡重臣。親頒將印。統全師而會勦。期克日以蕩平。

威命一宣。固已萬姓歡頌。加以參贊大臣僧、格、林、沁、於受
命之日。即奮兵而過良鄉。志將滅此朝食。參贊出。而前放之兵統大
臣培、成、多、爾、濟、那、木、凱、達、洪、阿、等。無不隨出。其勢足以吞賊
而有餘。天下翹首仰望。以為數日之間。賊必盡滅。所謂兵貴
神速者。參贊實為得之。不、意、行、至、涿、州、遽、聞、棨、營。迄今十日。
各路皆不前進。京師消息。總縱極慎密。奸細亦必偵知。賊自
初六渡河。其遷延於深晉之間而不遽來者。亦料我之必有
大兵也。至。大。兵。出。而。不。見。動。靜。賊。有。以。知。我。之。勇。怯。矣。臣聞
參贊謀勇兼優。想其在涿。自有深意。非尋常所能窺。若。欲。遂

遂為防守則臣竊謂非計自逆賊竄出廣西至今皆為守字
所誤遠而衡岳近而臨洺何處不防何處能守此前車之至
鑑夫守所以防賊來我能殺賊賊從何來我不殺賊賊來又
焉能守向之言守者皆怯也且守亦必審時勢果使賊衆我
寡賊盛我衰鋒不可當力不能制因而持重以老賊師疲賊
力待賊糧盡然後一舉滅之此亦有說令賊自懷憂竄逸止
於數千即有裹脅亦不過萬而我軍不啻數倍是賊寡我衆
也賊既屢敗又奔馳數千里其衆已疲憊不堪而我軍蓄銳
既久一鼓作氣是賊衰我盛也我方操此二勝算而賊以疲

憊無援之孤軍遠來送死不即滅之而猶待耶況戰則利在
我而守則利在賊時至今日有萬不可以言守者賊住一日
既可養息亦便裹脅我住一日銳氣日墮精氣日銷賊人所
過劫掠行不持糧我軍需餉甚繁部庫告匱坐守一日糜餉
不知若干設賊不遽遠來亦不遽遠去進不敢戰退不敢撤如此
數月餉絕兵匱潰不待賊至而已自困矣遑言守乎今為守
之說者必曰劉賊可用任之滕保耳夫滕保之卒在懷慶攻劉
兩月餘在山西又奔馳月餘其力亦至疲矣　臣聞善御馬者
不竭馬之力善用兵者不竭兵之力滕保之竭力如此　臣竊

危之就令滕保常滕亦恐能滕之而不能滅之蓋單騎進剿
賊可避而狂奔設北來之賊由山東而南竄南方之賊破廬
州而北來兩路會通縱橫東豫則天下更不可問矣總之此
番之賊斷不可使有一人得返有一南返賊必輕我而更來
為今之計賊方以怯疑我即因其情而用之願
皇上密飭王大臣等明發號令挑兵防守陰選敢戰之將敢死之
士數千人潛師疾趨晝夜兼行離滕保營數里駐紮悄與會
合俟滕保攻戰急時陡出參贊旌旗揮兵直出賊眾狃於官
兵逗遛之積習必不料我驟至一旦出其不意不啻從天而

降。於驚惶失措之餘。一鼓滅之。使各路之賊。咸知
大皇帝之威靈。參贊之謀勇。京營勁旅之利害。心悸膽慄。不敢更
生北竄之念矣。若專以剿賊之事。委之滕保。滕保即能
滅賊。而大將軍與參贊不出一奇。不動一勇。使賊知滕保以
外。我更無人。將來賊衆必且大至。恐非防守所能禦也。伏乞
皇上宸謨獨運。迅賜施行。殄既來。逆黨之氣。戢未至。匪徒之志。滅
賊。壯威。在此。一舉。臣受
恩深重。莫效涓埃。目擊時艱。不堪再誤。謹將管見所及。繕摺密陳。
伏乞

聖鑒訓示。謹

奏咸豐三年九月二十一日上

再臣聞安徽廬州各屬。秋收頗稱豐稔。其上熟之處。每米一石。糶錢僅六、七、百、文。次者亦不過千、餘文。向來該處餘米。專恃江蘇銷售。現在江路多賊船往來。而商民冒險載運。屢遭擄刼而不止者。以舍此更無銷路也。多米之家。有米無從易錢。若、以、官、票、加、價、收、買。亦所甚願。此該處人言如此。請

飭戶部速發官票十萬兩。交署安撫試、行、採、買。以、給、兵、食。並免被賊搶刼。倘官票部發不及。即請

飭署撫先行出示採買。發給藩庫實收。俟官票到日。再行補給。謹

附

奏咸豐三年九月二十一日上奉

上諭王　奏請飭部發給官票。交安徽省採辦米石等語。著戶

部速議具奏。欽此。

論目前兵政急務疏

奏為敬陳管見，恭摺仰祈
聖鑒事。竊臣于本月初二日蒙
賜召見，
諭及防守事宜。臣學識淺陋，又拙言詞，雖有所陳，意多未盡，退而
審察時勢，尋思博告訪，再擬所急六條，敬陳
御覽，以備採擇。
一請嚴重偵探也。以軍有耳目，方在偵探。偵探詳實，勝算便可
先操。乃前聞直督以賊至蠡縣誤勝保，晉撫以賊至五臺誤

勝保使勝保疲于奔命馳致狂寇得以竄擾而來聞將誤撥
之人嚴正軍法于是各處偵探率多捉影捕風聞達洪阿多
爾濟那木凱皆常之兵極為精銳自保州賊竄黨夜追趕到
保定兩次去來千餘里未見一賊未打一仗軍心遂生怨忿皆由
偵探不真以致夫探報軍情為行軍第一關鍵而乃瞀亂如
此是雖殺猶不足蔽辜而顧可置之不問乎若有重刑在後
以有重賞在前使殺之亦不能怨苦于此而惜賞惜刑則雖
悉索弊兵竭民糧餉均成無用此不可不急講也
一請優獎鄉勇也聞長蘆鹽政文謙天津知縣謝子澄終得

民心。自上月聞賊將近該縣。即督率練勇。于二十七日。迎擊一次。二十八日。晝夜連打三次。多係用打野鴨鳥鎗擊傷甚。本月初。又聞打有勝仗。疊次殺賊。不下千數。自天津來者。言其頭目姓名情狀。處處傳說。衆口一詞。前此賊在遠而民皇然。今該賊在近而民轉帖然安。以為天津練勇足恃也。而總未見奏報。此而不保。何以勵人才而作士氣。應請

飭文謙即行據實保奏。勵一處之縣令。即以作各處之縣令。勵一處之團練。即以作各處之團練。果使處處如此。逆賊復何所容于天地乎。

一請選將速剿也自七月來
皇上特命將帥不要氣至今月餘尚未有與賊接仗伏乞兵貴神
速自古皆然賊既黏築土城為拒守計待其築既成而攻
之則難及其築未成而攻之則易今聞又在靜海築城矣不
乘其未成攻之而何待耶至恃勝保之疲卒臣何以自安臣
愚以為凡人之能有實斷難強不能以為能若不問其
能否而但以名位既在責其能事誠恐有名無實矣如近日
聞賊至天津總兵惟懼賊逃而敢會戰殺賊者乃在知縣
總兵者武職大員也知縣者文職小員也由此觀之事固有

手其人而不可以資格論矣伏請願
皇上用人不論名位但問其能再試其膽有能殺賊敢向前者即
聘以帶兵不交與不能不敢者以鈐束者之斯奮勇直前之
人出而進剿速矣
一請約束兵丁也　臣聞賊兵以動隊伍整肅約束不亂擄城邑
而不擄鄉村劫富戶而不劫小戶將到之交先有數人鳴鑼
令各戶開門市賣食物之店令其開門平給價值交易故賊
至尚不居閉門官兵所至全無紀律混肆搶奪遂至街市全
閉人亦潛逃雖達洪阿之兵亦不免此

皇上疊降嚴旨，而帶兵之官總若不能約束，蓋能約束兵丁之員，即係能殺賊打仗之員也。

一請發給兵餉也。聞現在各路兵餉多不時給，一月僅能先領半月之餉，再以領後半月，則發給不知何時。通州巡防之兵，衣服典質殆盡，屢催糧台不能應。臣以為當此緊要之時，兵不用命，必宜正法；而兵餉必宜優給，雖多發內帑亦不能顧。若因惜力而以饑寒迫之，是徒驅之就死地，而于

國事尤大有害。必為節省之計，但可裁減兵數，不可裁減糧餉。蓋士卒騰飽，一人可敵數人；凍餓之餘，數人不敵一人也。臣

聞俄京之兵，在天津，賊將已而先與民鬥，吉林之兵有悍賊

為前驅，經天津拏獲三人。

國家養東三省兵數百年，似不應有此。或如現在養有不足，此

不可不籌也。

一請防兵巡哨也。現聞近京四路，均設兵防守，知近安靜，

勸未免懈怠軍心，應請

飭各路統兵大員，間日帶兵出巡一次，或三十里，或五十里，使兵

丁習隊伍，悉路徑道，以審察地利，何處可以扼要，何處可以

設伏。不獨為將者胸中瞭然，即弁兵亦可不迷所向，遠近或

有土匪。亦且聞而震慑。不敢妄生他想矣。

以上六條。似係目前急務。臣愚昧之見。是否有當。伏乞

皇上聖鑒訓示。謹

奏。咸豐三年十月十二日上

六條中各有切實見到語。總緣愛國心切。事事留意。全無粉飾塞責激直沽名諸病。故語必徵實。中間若不問其能否。而但以名位所在。責其能軍。試想有名無實云云。尤切中當時命將之弊。法亨謹識

請旌殉難士民以彰義烈而勵人心疏 附請裁革鄉糧浮收以絕亂源一片

奏為請

旨旌表殉難紳士民。以彰義烈。而勵人心事。臣維成仁取義。正氣自屬常存。致命捐軀。庶人尤稱匪易。比來匪徒竊擾。荼毒燕黎。凡夫死事職官。陣亡兵弁。莫不仰邀

賜卹。優蔭

恩施。近年九月二十日。懷奉

諭旨。地方文武及紳士人等。被害較烈。各員。已經給予卹典知。再乃分別酌議加贈予謚。或入祀昭忠祠。未經奏報各員知。

著各該省督撫迅即出查被害情節奏請獎卹。等因欽此。
皇仁既被。至優極渥。詢足作士氣而慰貞魂矣。惟思賊匪自雜離
西粵。狂竄南方。稽天討于三年。煽毒氣于數省。凡被難地方
士庶人等。或仗義不屈而致戕。或被脅不從而遭害。甚或全
家罹難。闔室自焚。雖智愚貴賤之不同。實節義忠貞之無愧。
此固
國家厚澤深仁之所致。要亦下民敷天率土之真忱。我
國家勸善褒忠。凡平日節婦義民。無不仰叨
欽獎。則此時忠魂毅魄。尤宜上荷

旌揚。臣聞向來各省死難士民
恩許建祠合祀。其被害最烈者，或懇優予封表。今殉難士民忠
貞自矢，外省均未查辦，日久恐致掩埋。合無仰懇
皇上飭下各督撫，悉心詳查。于遇賊死節之士民婦女等，有姓氏
可查者，悉查明題請
旌表。雖予祠祀，實係無姓氏可查者，則統書難民總牌祔祀其中。或有
蹈節最著被害尤烈者，另行優請
旌表卹之處，出自逾格
天恩。俾守义不渝者，皆沐

褒嘉之典。斯聞。風。知。感。孝。咸。係。激。勵。之心。則。衆。志。可。以。成。城。而。羣。
醜。氣。難。殄。滅。矣。臣愚昧之見。是否有當。伏乞
聖鑒訓示。謹
奏。咸丰三年十月二十三日上奉
上諭太僕寺卿王　奏請旌表殉難士民一摺。軍興以來。被被
賊滋擾地方。文武官紳及兵勇人等。或臨陣捐軀。或遇賊被害。
經各督撫奏報。無不立沛恩施。給予卹典。並諭令各該督撫查
明被害較烈之員。再以分別酌議。加贈予謚。或令入祀昭忠。以
勵臣節而慰忠魂。惟念被難各省地方士庶人等。或因罵賊殞命。

或因遇偽遭害全家羅難闔室自焚雖貴賤之不同實節義之無愧特恐僻處鄉隅不獲上邀旌卹以致湮沒弗彰朕心惻焉著各該督撫通飭所屬迅速查明遇賊死節士民婦女等除已例題請旌表外其有殉難尤烈者准其奏明請旨分別賜卹該督撫等其秉公詳核毋濫毋遺以副朕勵節褒忠之至意將此通諭知之欽此

再臣聞江浙滋事各州縣惟上海係小刀会勾通鄉勇謀逆諸安之梓桐源係鹽匪餘孽江蘇之嘉定青浦浙江之臨安新城於潛長興均以圍抗錢漕而起銀價日昂錢糧糟漕糧

況國以增，而浮收折色又日有加無已，民苦不堪，怨嗟載道。
奸民乘機煽惑，以挾制官長，始而折毀衙署，恬為隱忍，繼而
毆官斃役，又強為彌縫，及至戕官作亂，乃不得不奏而勞
師動衆，已不易于收拾矣。在徵糧之時，既已如此，至徵漕之
時，恐益可虞。當此籌餉方殷，萬無減免之法，然正供不可省，
各色雜項陋規可省。聞有漕州縣，上司、有規，紳衿、有規，即土
包、地棍、亦有規，不如此不能肆其勒折浮收。若將各色陋規
嚴以裁革，一石不收，至數石之多，則良民既可安，匪徒無
所藉口，當不致滋生事端。然此其權，首在督撫，次在州縣，督

撫不收規費遇有告漕之案即行查參州縣何敢浮收州縣
不肯浮收紳衿土棍亦何敢索規費訛詐幸端而事自止矣
請
飭有漕省分各督撫凜遵舉劾戒州縣毋得勒折浮收一有控案
必從嚴辦斯民與寬抒而地方自靖時際艱難諒各督撫亦
必有同心也愚昧之見伏乞
聖鑒訓示
請旌洵非士民大有關係
皇上從善如流即此足徵我
朝根本之厚另片請飭各督撫懍遵率屬云云尤探本之論

謝補授戶部右侍郎恩疏

奏為恭謝

天恩事。本月初二日。內閣奉

上諭。王

著補授戶部右侍郎、兼管錢法堂事務。欽此。竊臣皖江下士。知識疏愚。現政農曹。已樗庸之是懍。隨班諫隕。愧樹建之未能。旋供職于憲台。愧乏令舐之對。逮監筦于奉翼。更慚數馬之闕。旋承

天寵之頻頒。秩晉地官之貳。伏念政兼食貨。佐炊劑于司農。計綜度支。閱委輸之要務。以臣檮昧。彌益悚惶。且臣自由御史。驟列

卯班半載之間。迭膺
恩擢。凡諸
寵榮之逮及。已非夢寐所敢期。若更邀逾格之
恩。尤倍切難安之念。況臣賦質至鈍。見乃實疏。受閒散之地。或耽
一隙之微明。當重大之司。而竟寸心之無定。又臣既亦團練
保甲乃宜。甫有頭緒。尺、鄰乃繁、勢難兼、及。臣聞人。臣之義。量。
而深入。若但知利祿之心。誠恐厥
知人之哲。臣之蹇。不難逃
聖鑒。備蒙

察按愚庸。不勝鉅任。俾得盡心于劝諭守助各事。庶幾仰酬
高厚鴻慈于万一。臣之欽感。實為無既。所有微臣感激下忱。理合
繕摺恭謝
天恩。伏乞
皇上聖鑒。謹
奏咸豐三年十一月初三日上奏
上諭昨將王　簡放戶部右侍郎。本月授該侍郎奏稱現因辦
理保甲事宜。戶部事繁。勢難兼及。等語。王　係戶部司員出
身。于該部事務。較為諳悉。是以特旨超擢。該侍郎惟當勉圖报

称。以副委任。毋得畏难辞让。徒涉虚文。於现在既办保甲了
宜。仍著与宗晋等兼筹妥办。钦此。
王公遇事敢言。诚不愧古名臣。者
圣上鉴纳直言。每优容加礼。委任尤重。
圣度如天。所以盗贼四起。卒就殲灭也。机。正。在。此。某识

保京員回籍帶練勇防勦疏

奏為謹請保員回籍。督帶練勇防勦。恭摺奏祈

聖鑒事。竊臣恭閱邸抄。安徽桐城、舒城相繼失守。工部侍郎呂賢基殉節。賊氛偪近廬州。情形至為危急。該郡為南北要衝。關係中原大局。現聞巡撫江忠源在六安抱病。郡城大員惟藩司劉裕鈐。餘俱尚未到任。兵餉俱無。待援孔亟。此時急籌防禦之法。惟有督率練勇。協力勦除。或有濟。但該處督帶練勇。僅翰林院編修李鴻章一員。勢難濟事。臣同鄉刑部郎中記名御史李文安。即編修李鴻章之父。老成練達。為守兼

優。籌隸合肥。情形尤為熟悉。鄉里素所推重。該員團練整齊。
皆該員于上年寄信回里。勸諭鄉人先為思患預防之計。若
令其回籌。督帶練勇。呼應必靈。又已革江蘇巡撫楊文定前
因鎮江失守。奉
旨革職治罪。該革員獲罪尤重。臣何敢代為乞
恩。惟該革員籌隸鳳陽。素敦鄉誼。尤得鄉人之心。該處人情強悍。
散則亂為搶匪。集即可為勁旅。該革員正月間。曾遣其親屬
回籌。招募壯勇。赴江防堵。業已集有成數。若令該革員與李
文安一同回籌。戴罪自効。協保廬鳳。尚可以資得力。以上二

是皆臣素所最悉。居在同鄉。理應避嫌。第當此時勢艱危。守

廬鳳印所以保守

國家。而保守廬鳳之方。再四思維。更無良策。為此不揣冒昧。

叡聰

飭令刑部郎中李文安、迅速回籍。帶勇協勦。於楊文定可否暫釋

令同回籍協辦防勦之處。出自

皇上天恩。至呂吳基之子呂錦文。因父殉節。痛不欲生。亦願隨往

殺賊。秉承父志。亦應請

旨准於隨往。再此時安省情形。難以懸揣。郎中李文安係曾蒙

記名御史之員。業經引
見數次。現在御史又尚空有數缺。可否
賞加御史銜。俾得便宜奏事。恭候
宸裁。所有保員回籍辦勇防剿緣由。理合恭摺具奏。伏乞
皇上聖鑒。謹
奏。咸豐三年十一月初十日上奉
上諭王　奏保本籍人員回省辦勇防剿一摺。刑部郎中李文
安。著准其回籍督率練勇。協力防剿。所請賞加御史銜。准令奏
事。殊屬非是。著毋庸議。呂賢基之子呂錦文。並著回籍幫同剿

賊。至已革江蘇巡撫楊文定。因失守地方。拏問治罪。也。豈得以

其曾在本籍招募壯勇。遂謂寬典。附請飭令回籍帶勇協剿之

委。甚不准行。饒此。

李宮保秉質豪邁。從在　曾爵相幕中。贊襄

軍務。閱歷。加深。故以素一切用人行政。髣髴

爵相人才成就。閱。歷。不。可。少。如。此。

后學楊法育謹識

敬陳大錢利弊疏

奏為敬陳大錢利弊恭摺奏祈

聖鑒事。竊查本年三月。戶部奏鑄大錢。請定當十當五十二種。自六月始。按成搭放。本月十四日。巡防王大臣奏請推廣鑄造大錢。奉

硃批該奏。是。戶部速議具奏。臣蒙

聖恩擢任戶部右侍郎。兼管錢法堂事務。職司尤重。自當隨在部諸臣悉心推求。以期利用。何容獨有異議。顧臣竊慮此法之難行。且慮行之稍窒。或僨事已行。而亦改不行。有不敢不

將利弊源流備細陳奏再請
聖裁事臣惟自來圜法總以不惜工本為不易之常經偶鑄大錢
計圖節省由漢迄明與者嘗十數矣究不久仍廢惟未有行
以致現行大錢頗見便利蓋人情喜新歷代初行亦皆如此
能今法獨異也然近聞當五十之錢市人已多私議奸人已多
私鑄第為時未久尚未見大阻格耳今王大臣奏請添鑄當
百當五百當千三種而當千者但以重二兩為率其餘以次
遞減為裕籌經費起見誠為至計此法果行豈能大利顧臣
考歷代錢法種類過繁市肆必擾折當過重廢罷尤速前戶

部請鑄大錢时，亦稱歷代之行而覶罷，皆由折当太重，分量
過于懸殊，故止鑄当十当五十，而犹声明以後照式一律，不
准稍有偷減，誠有鑒于前失而戒之也。方深戒之，何遽犯之。
若当千之錢，重僅二兩，能財理，折当太重，分量過懸殊。即論
其理，折当太重，理甚慊于虛耳。大錢雖虛，視鈔票則較實，豈
鈔可行而大錢轉不行，不知鈔法以實運虛，雖虛而實，大錢
以虛作實，似實而虛。故自来行鈔可数十年，而大錢率徒數
年，去此其明徵也。論者又謂
國家定制，当百則百，当千則千，誰敢有違，是誠迂見，迂說妄誕之。

錢之值。而不係限物之值。錢當千。民不敢以為百。物值百。民
不難以為千。自來大錢之廢。多由私鑄無因物價湧貴耳。宋
有至又千時。此又其明徵也。宋御史沈畸之言曰。自為當十
之議。君禍起。奸游手之徒。一朝鼓鑄。無故而有數倍之息。雖
日加斷之。其勢不可遏也。學士張方平之議曰。用大錢。致奸人
盜鑄。其用日輕。比年以來。皆虛高物估。增值于下。取償于上。
雖有折當之虛名。乃罹虧損之實害。又其顯者。大觀錢鑄自
蔡京。而其子蔡絛作國史補。敘其始之孳息而流通。繼之盜
鑄而多弊。終之改當而折閱。子皆親見。尤獨詳。夫聰明材

加古人遠勝今人作奸犯科今人又遠勝古人古既不以而
明以乎今臣實不勝過慮顧使當千當百雖不可而當十當
五十猶可以似不妨于一試而臣又慮其不能也但為國計
寶鈔以大錢欽票皆屬權宜之計全在操之以信守而不改
庶幾可冀數年之利今大錢分兩式樣甫經奏定頒行各省
大張曉諭刊刻成書未及數月全行變更當五十者較向所
見而忽大輕當一百者較向之五十而猶見輕且當五百當
千紛然見錯出民情必懼惶惑市肆必形紛擾而一切皆不
敢信以錢為人人日用所必需物

國便民臣閱章第一如臣所慮誠恐貽悔或理銅斤短绌若不
及時變通則明年必至停鑄此又豈細故哉歟變通於錢
以不能則亦必不鑄等乾隆以前銅初不敢許滇鼓鑄民資有
國初之成法在遇賊一平不患無銅若賊不平銅不能運則雖
現在之銅若鑄當千似亦無濟臣所慮者固不止停鑄一事
也現在臣大錢出於古多如御史蔣達之奏第計目下之利未
計不久之弊臣自為司員時節常手此考之伏蒙
皇上堅持一任永保勿渝實為幸甚臣性既拘迂識尤庸陋惟受
恩深重但有所見不敢不言為此備陳利弊並呈歷代大錢興廢

略。伏乞
皇上聖鑒訓示。自知謬妄干冒
宸嚴。不勝戰慄待命之至。謹
奏。咸豐三年十一月二十一日上
謹將歷代大錢因廢節録大略恭呈
御覽。漢元鼎二年。鑄官赤仄。一當五。賦官非赤仄不用。其後二歲。
赤仄錢賤。遂廢。王莽錢。自當一以至當五十為六等。百姓
憒亂。莽知民愁。改以當一與當五十二品。盡六年。毋得復挾
大錢。吳孫權嘉禾五年。鑄大錢。一當五百。又鑄當千錢。錢既

太貴。但有空名。人間患之。權聞百姓不以為便。省息之。鑄為器物。官勿復出也。宋文帝元嘉七年。以一大錢當兩。以之經時。公私非便。乃罷。陳文帝天嘉五年。以一當鵝眼十。宣帝大建十一年。又鑄六銖。以一當五銖之十。後還當一。後周建德三年。鑄大布錢。以一當十。五年、以布錢漸賤人不用。遂廢之。唐肅宗乾元二年。第五琦鑄乾元重寶錢。一當十。又鑄重輪乾元錢。一當五十。京師人人私鑄。物價騰踴。斗至米至七千錢。代宗即位。重寶錢以一當二。重輪錢以一當三。凡三日而大小錢皆以一當一。自第五琦更鑄。犯法者日數百。州縣不

能禁止。至是人乃便之。後唐鍾謨請鑄大錢。一當十。謨得罷
而大錢廢。宋范雍張奎皆鑄當十錢。民間盜鑄者衆。錢文大
亂。物價翔踴。公私患之。後皆改為一當二。神宗の年。皮公弼
鑄當十錢。後改當三。又減當二。徽宗二年。鑄當十錢。の年以
盜鑄多。詔改當五。旋又改當三。明洪武即位。初定錢制。當十
當五凡五等。の年即改鑄大錢為小錢。天啟元年。鑄當十當
百當千三等大錢。旋詔收大錢。發局改鑄。歷考前代。大錢惟
昭烈入蜀。鑄直百錢。史稱旬月府庫充實。未詳所止。意亦愚
民一時之計。餘則始末具見。蓋未有及三年而不改變廢罷

者。未有不称盜鑄雲起物價騰貴 公私非便者。史冊所載彰彰如此。謹畧。

疏中如且慮行之稍窒。或併所已行者而亦致不行。又種類過繁。市肆必擾。折当過重。廢罷尤速。又鈔法以実運虛。雖虛猶実。大錢以虛作実。似実而虛。又官能定錢之值。而不能限物之值。錢当千。民不敢以為百。物值百。民不难以為千。等语。均屬。錢当過重。切要之論。非閱歷深。如不能有此。

真識

保舉辦團練勇之州縣府道疏

奏為敬陳管見。恭摺仰祈

聖鑒事。竊維天津防剿練勇。最為得力。近失辦結民心之知縣。既
恐民心渙散。且極盛難乎為繼。接任稍不得人。尤足傷民
心而速之散。民心一散。則天津可危。而近畿皆危矣。復聞武
清知縣胡啟文均得民心也。即天津之民。亦無不知之。且武
藝優長。現在每日早晚率練勇下教場。必身先演試。以為教。
若以調在天津。民必安之。並可隨文謙督帶兵勇。以攻獨流
一面。而任勝保以專力攻靜海。兩路並進。似易制勝。至逆賊

現遣東南。則通州實為京城門戶。現在知州尚未得人。近見饒陽縣知縣秦聚奎以練勇禦賊。而賊不敢犯。其才必有大過人者。若以之升任通州。練該州之勇以佐文瑞。似可安東顧之憂。又聞有候補知府毛永柏人不甚純。而膽略足用。曾以殺賊甚多。若以之署永定河道。團練河兵鄉勇。似足以扼南路。臣知用人大柄。自有

皇上宸裁。且有直隸總督順天府尹自能調度奏請。第以時勢方危。事機還貴速。若待直督府尹往返商奏。誠恐有需時日。是以不揣冒昧。謹就見聞所及。恭摺具奏。伏乞

聖鑒訓示謹

奏咸豐三年十二月初五日上

人才大半陶鎔成就出來其非常之才而不遇有權

勢得位師友加意提掇恐難成就雖成亦小讀胡文

忠公集其間駕馭英雄與諸將官往來簡札實

有振作激發徵權故吾謂東南半壁肅清之功

品在鼓鉅公掌握中成記

法亨謹識

請破裹脅之毒以滅真賊疏

奏為請破裹脅之毒。以滅真賊。恭摺奏祈

聖鑒事。竊維逆賊自粵西竄出以來。疊經剿殺。已自無多。所見為多者。皆裹脅之良民也。賊所過處。輒以威力驅我良民。戰則以民居前。而自居於後。守則以民處外。而自處於中。鎗礮鋒刃。皆以我民當之。而真賊罕及。遂得偷息至今。是賊之計利在裹脅。裹脅無盡時。即真賊無滅時。我之計利在破其裹脅。裹脅散。得開斯真賊滅得盡。然而逆賊之裹我民也。迫之以留髮。加之以火印。使之有可辨認。逃出。必為官兵殺。逃歸。必為地方殺使民知逃之必死不敢不逃之尚可緩死不得不以死從賊之將我民裹脅復使我殺逃出之人以固其裹脅其計誠為狡毒顧計雖毒要必我殺其逃出之人而計始行若我不殺其逃出之人計即不行則賊以破其毒計著有在矣國家深仁厚澤二百餘年斯民世世受之其身雖陷賊中其心終念我國家實無不欲逃去臣聞今秋賊之擾到湖北也皆帶正月在武昌擄去之人意以本處人攻城引路遂其復還故土之心必得其格外奮勇之加不意一到湖北逃散殆盡是以即乃

解去。直趨下流游。不敢停泊。是以見裹脅之人。但得以逃之
機。即無不逃也。又聞賊中官級大者為丞相。次則檢點。有一
謝姓檢點。係湖南道州人。由江西至湖北時。在清江地方灣
泊一月。有銀。與該處人買龍。無財不能。始能思家念切。家中
有八十老母。弱妻幼子。繼且涕泣而道。能明知在賊中無好
日子。無好進退而難。且能賊中各官心事多如此。是以見為
賊的官之人。雖未得以逃之機。亦無不思逃也。又聞黃梅縣
盤獲賊中逃出之人。據云賊中日發米僅勺兩。而刑法太嚴。
每三日必將人身搜一次。有銀者斬。有錢至五十者亦斬。防

逃之法特嚴。而思逃之人愈衆。不獨被擄者欲逃。即前歲從
賊之人。亦欲逃。此天亡賊之時也。不于此時思解散之方。更
待何時。然而待之解散。正恐無益。伏讀正月初八日
恩旨。被脅之民。不從則先死于賊。從之則又死于兵。朕仰體
上天好生之仁。何忍概以誅戮。又讀六月初七日
恩旨。從前被脅之徒。若能剿賊自效。即予立旌恩施。即或先被賊
誘。自拔來歸。但能改過自新。亦予同邀寬典。各等因欽此。仰見
皇上如天之仁。既以寬宥脅從者。亦已至矣。然而至今未見有數
者何也。各路軍帥奉以不加甚。道有未盡也。蓋從賊之人。雖

讀
恩旨而感泣必顧軍帥而遲疑將奴自投來歸則恐其殺之以為
功也將奴殺賊自效又恐殺其身而更冒其功以為功也蓋
軍帥初不足設人之信而逃出見殺者比比皆是尤足以堅
其不信是以至今無效也 臣愚以為自今以後請更
特降諭旨凡賊中之人除廣西老賊罪在不赦外即兩湖脅從亦
許自新無論賊之久暫留髮之長短火印之有無但有自
投來歸者均從寬貸有殺賊自效者均加爵賞每營設廣西
役數人凡自賊中出者審係廣西口音則殺非廣西者有功

論加。與功賞遞回籍。交該地方取保。如有妄加殺戮者。許該
民人親友控告。重治其罪。凡得此
旨者。許悔藏以為符信。逃出呈驗。即不加罪。如此剴切曉諭。
飭各統帥先將此
旨刊刻刷印。多多射入賊營。使賊營裏脅之人。知有生路。自然逃
出。此明解之法也。既而猶恐其不信也。再請
飭各軍帥多發告示。遣其心腹之人。潛以消息通之。以約誓要之。
以身命保之。以使之信。猶恐其不信也。再請
飭凡得賊營逃出者。即釋放以示之。如是而後可冀其信而敢出也。

此法在各路皆宜急办而行之。尤必近自張沅始。張沅裏脅
率皆近畿之人。尤能他比。臣聞保定獲一賊中逃出武生。授
称將逃出時。賊營知之。每每不告以逃出之必死。而自陷不甘
從賊。雖知死而亦逃。此其情尤足哀矜。請自今得賊營之人。訊
明係屬裏脅。有家可归者。即遣
特降旨資遣回籍。有為賊菜試迷。訊不吐供者。以菜解之。解之
而不醒。則姑禁之而不加誅。
皇上立值以赦各邮之值。各邮立值以殷賊營之值。一值而裏脅
立解。真賊立滅矣。或謂如此辦法。恐奸細益得復志。不知惟

有贼斯有奸细。若贼尽灭。则奸细皆良民矣。又何虑焉。或理倘、释、放、之、人。复、归、贼、营、岂、不、为、患。夫贼多矣。自举奸细至今。所杀不过数十人。此数十人。于贼有何增损。苟释放之。彼有复归贼营者。则不杀。胁从之风声。可以广播。难民必信。而来归真。贼必疑而生乱。此正我之利也。又或理倘释放回籍之人。久染贼习。沿途复肆抢劫。又将奈何。不知所理解散者。解之散之。并不使均百十为群。仍以连结也。陆续零星而以未必敢于沿途抢劫。苟有犯此者。则令各地方官举获。即以正法。许各地方民格杀勿论。更复何惜。自古法无不弊。此时众

在賊而不在脅從則舍脅從而專殺賊若脅從更敢為賊則
殺之亦屬殺賊而非殺脅從因時制宜惟求至當耳臣為急
籌破賊起見是否有當伏乞
聖鑒訓示謹
奏咸豐三年十二月十八日上
王公力爭寬宥脅從用意深遠與講究陰隲為培
福地知用心有公私之別
澍吏謹識

再陳設籌大錢利弊疏

奏為設籌大錢再行瀆陳恭摺奏祈

聖鑒事竊臣于上年十一月因部議巡防王大臣推廣大錢曾上

大錢利弊一摺未奉

諭旨今于本日恭

進各大錢式樣臣職管錢法惟當力求鑄造精工期傳行以仰

副

聖意何容更有所言顧臣于此事夙夜籌思實覺難行有不敢不

再行瀆陳者今行當百以上三種大錢與原行當五十大錢

分兩式樣。無甚可辨。若恃字為辨，則此何以責彼何以賤愚
民莫解。恐致瞀亂。此其一難。錢本以便零用。今一錢而當五
百當千。竊恐以易市物。難以分析。以易制錢。莫與兌換。此其
二難。大錢雖准交官項。然現在准以五成搭交。有官票有
寶鈔。再加大錢。何能並搭。此其三難。然此猶其小也。最大之
患。莫如私鑄。論者以為私鑄正可增官鑄之用。可以無患。不
知官錢以當千發之。以當千收之。似可無虧。若奸人以四兩
之銅。鑄兩大錢。即抵交一兩官銀。其虧國將有不可勝計者。
舊以制錢每千重百二十兩。鎔之可以得六十兩。以鑄當千。

可抵三十千之用。設奸人日銷以鑄大錢。則民間將無制錢可用。苟病民。又有不可勝言者。即此二弊。已無法杜。無論其他。今論者或知難以又理。姑先少鑄以試之。試而不可再停非晚。臣以為他事可試。此事不可試。蓋事之未有得失。試而不可。亦無所失。事之已有所得失。試而不可。將並所得而失之。臣固非徒為難行之大錢慮。實為已行之大錢慮也。方今籌餉雖艱。買銅不易。幸得當十當五十之錢。暫借以周月。況省銅數萬斤。又事多獲錢數萬串。于經費不無小補。設更動之。既精有限。格一樣。不可各樣皆廢。挽回無術。悔將何追。

臣愚推廣大錢。原非于利用之中。更為節省之計。方今官票寶鈔。其省遠過大錢。其利亦遠過大錢。有一餘巧。利已無參。大錢之鑄。似可以已。若必不得已。則惟一法。請于當百以上無加嵌銀點。以示貴重。當千者十點。當五百者五點。當百者一點。每點嵌銀不過二分。而可使辨別較易。造偽較難。再請將戶局當十當五十兩種。亦照工局之制。原重一兩八錢者。減為一兩五錢。原重六錢者。減為五錢。使戶局工局分兩均歸一律。新錢舊錢式樣。無甚懸殊。市駒以用。不致謷亂。而戶局銅斤。已暗省數萬斤。不為無益。即將來當千以上大錢。或

有不得而然當十當五十之規模以倣制度仍然亦尚可以
庶几有得無失錢為人生日用所必需法不宜于輕動臣非
固執己見妄為阻撓寔因愚籌思已久不勝過慮為此再行瀆
奏冒昧之見伏乞
皇上聖鑒訓示謹
奏咸丰四年正月十二日上

錢為人生日用所必需法不宜於輕動一語所見
遠大 亨識

請調用防勦之勇一律發給口糧火菜疏

奏為敬陳管見恭摺奏祈

聖鑒事竊維各省紳民團練鄉里無事各安耕作有事共相捍衛係屬各保身家費既不多籌亦易辦原無庸官給口糧至若選擇練勇調以防堵攻勦則與兵丁無異自應一律發給口糧不容歧視廬州民風強勁團練最早義秉同仇曾經前撫江忠源入奏何至遽爾失守聞由城內團練係李嘉端信任之胡元煒徐淮則亦宵小成群正人引避其所練勇皆屬各衙門六班中人見賊攻急各自縋城逃走以致賊乘而

入。間胡元煒業已降賊。蓋小人之不可用如此。至各處防堵之練勇。則因口糧不給。各自歸家求食。勢有不得不然者。且上年奏保刑部郎中李文安回籍幫勇防剿。近聞該員在臨淮團練招募。查看鳳陽五河鄉鎮各團。器械整齊。技藝亦好。若能給以口糧火藥。得有膽識者以領之。俾捍禦侮。無如籌餉無措。僅能守鄉。不能出外。伏思當此籌撥維艱之際。兵餉且難。何能及勇。然聞參贊大臣僧格林沁統兵大臣勝保等各營。則幫之勇。未嘗不給口糧。廬鳳關係中原大局。現當喫緊之際。兵力難恃。不得不兼用勇。可否請

飭按臣福濟。于調用防剿之勇。一律發給口糧火菜。抑或令將官
銀票。發交該紳董等。自行變通濟用之處。出自
天恩。臣爲此期練勇得力起見。是否有當。伏乞
皇上聖鑒訓示。謹
奏。咸豐四年二月十二日上
在得。加鄉勇固宜發給口糧火菜　另議

奏鈔法未盡敝陳管見疏附請省釋收用偽鈔之人以免民
民累一片

奏為鈔法未盡敝陳管見並瀝下情恭摺奏祈
聖鑒事竊維今年度支告匱需餉方殷不得不資以鈔然鈔法貴
于行之以漸持之以信伏請
上諭有行之日久中外俱可流通之
旨仰見
聖明洞鑒因知發之不宜太驟也今自上年設行鈔法以來初用
銀票雖未暢行亦未深累至臘月行錢鈔至今已發百數十
萬于是兵丁之領鈔者難于易錢市物商賈之用鈔者難于

易銀、置貨、費力周折。為累頗多。臣察其知其情。夙夜焦急。刻
思有以補救之。惟臣既查户部。凡有所見。必取決于總理祁
尚書文、乃所商多未取決。而設想更已無亦有不得
不上陳于
聖主之前者。伏維自來鈔法無傳。然由唐宋之飛錢、交子、會子、循
名而思其義。則似皆有實、以運之。獨元廢銀錢不用。而專用
鈔。上下通以此行。為鈔以虛、運。然閱後亦變。至明專以虛、責
民。而以實、歸上。則遂不行。歷代之明效如此。故臣元年所上
皆以實運虛之法。今時勢所迫。前法不行。議者遂專于收上

設法。意誠善矣。然京城放多而收少。每年常有放而無收。直省州縣有收而無放。現有商人運于其間。皆不以鈔與商人以而運之方。旅運之利。亦似不以謹就現行法中。酌擬四條以通商情。而期轉運。致為

皇上採之。

一擬令錢鈔兩取錢也。查市行錢票。與鈔無異。而商民便用本以兩取錢也。寔鈔准交官項。本自貴重。而人總以無兩取錢。用多不便。若于准交官項之外。又准取錢。自必更見寶貴。厥後鈔已百餘萬。而推籌餉以供取。似為失難。然以目計之。

戶局向來月解部錢六萬餘串。自鑄當十當五十大錢。月約
解十一萬串。今加鑄當百以上大錢。月可得二十餘萬串。若
部中仍前月提十一萬。則三個月後。可積三十餘萬串。印較
前月多提五萬串。六個月後。亦可積三十餘萬串。印出示許
民半年以後。以鈔取錢。似屬妥難。現在民情望此。若望雲霓。
故崇實、伍輔祥、皆奏及之。或謂備存三十萬盡而不敷給。將若何。
臣理此有二道。一則有錢可取。人即不爭取彼錢店開票。何
嘗盡見取錢。如四安錢店。現在開票放餉之數。可理以證。似
無庸慮。一則有錢許取。人亦安心候取。備錢將盡而鈔紛來。

竟不能給。不妨亦期停止。今半年後再取。人亦樂從。經過一
次。發錢人知鈔終不虛。自不急取。此次。每年雖例多費數十
萬之錢。而實可多以百餘萬之鈔。如得准。以自知不待發錢
之日。人心恃安。即當出示之日。而人心已安。無此等安人心
之最要也。
一擬令銀票可取銀也。現以銀票錢鈔均屬天下通行。而
以遠要以銀票為宜。照此。以遠必賴通商。照此通商必使有
銀可取。久疑無此。如許現銀以待取。而不知各省之錢糧
關稅。皆現銀也。今既准以銀票交發。知此抵交之銀。不歸之

商人承既可准部撥交何妨准部先取自上計之二年初年
時殊而自商視之則二年大有異蓋撥交遲而先取速撥
交滯而先取靈凡州縣徵收錢糧必有銀號數處將錢統易為
銀將銀統鎔為錠以便解省今使商人持鈔至收錢糧之
銀號准其先取現銀則商人之用鈔便而得鈔不待傾鎔即
可解省于銀號亦便查各州縣收鈔于商與收鈔于民初無
時異而零收之與整兌亦有較見為便者今若于准交之外
再加准兌取一層則鈔必益貴重交之可取銀即交之餘乃
用而不必取銀御史章嗣衡何曾楊以增卧奏之意蓋亦如

此誠知各州縣銀号之未必即聯兑也○即匯兑而不免需索扣
减也○然許以兑取○則能取而貴之○即不使據取○而亦貴之○方今时
势多阻○未必尽行○未必尽不行○得一处行○則一处之銀路通○
数处行○則数处之銀路通○現在商人会票之局全收○惟此而
以濟銀路之窮○京城之中○凡商人之来者皆貨物○而往者皆
銀○使銀票得隨处兑銀○則京城之銀○可以少出○而各路之銀○
亦可得来○此又通筹全局之所宜加意也○
一擬令各項店鋪用鈔取以撥銀也○各店鋪日賣貨物○慣用
市票○何独憚于用鈔○以市票○便易銀○以置貨○宝鈔不能易銀

即不能置貨。此雖強令以用。將來貨物日昂。寶鈔徒虛。市廛
必至成空。不獨商人自虧。即
國家亦不能不代為虧。查銀錢周轉。如環無端。而其人厥分三
種。凡以銀易錢者。官民也。以錢易銀者。各項店鋪也。而以銀
易錢。又以錢易銀。則錢店實為之樞紐焉。各店鋪日收市票
均赴錢市買銀。而錢店則以銀買之。今請令錢市凡以票賣
銀者。必准搭鈔。則各店鋪用鈔。亦可易銀。而不憚于用鈔矣。
各店鋪不憚用鈔。則以銀易錢之人。無非用之于各店鋪。凡
令錢店開票者。亦可准令搭鈔矣。各錢店開票亦可搭鈔。則

以銀票各店鋪之票。而亦不憚于用錢矣。況此三層關節為之疏通。使銀錢票之扶錢而行。此各以互為周轉之法。雖似強民。而初非病民。似不至有大害。惟法行之後。銀價恐益增昂。然京城銀之來路。專在外省解項。部中放項。今解項放項日形其少。即不以此法。銀亦日貴。此則須殄平逆匪。方有轉機。又不徒關以錢也。

一擬令典鋪出入均准搭錢也。查現在典鋪取贖率用錢。不敢不收。而當物率給錢。率多不要。使典鋪之錢有入無出。將來資本罄。而錢僅存。不能周轉。必至歇業。典鋪盡歇。貧人益

無變動之分。應請令嗣後出入均許按成搭鈔。此一以自為周轉之法。以上所擬四條。前二條是以實運法。而不必另籌鈔本。後二條是以虛運法。而不至太為民累。虛實兼行。商民交轉。庶幾流通。罔滯。抑臣更有請者。現行官票寶鈔。雖非臣原擬之法。而行鈔實由臣始。今兵丁之領鈔而難行使者。多怨臣。商民之因鈔而致受累者。多恨臣。凡論鈔之弊而視為患害者。莫不歸咎于臣。凡論鈔之利而迫欲暢行者。又莫不責望于臣。而臣蒙

恩擢任戶部。業經數月。一無籌措。上負
天恩。下辜人望。夙夜愧悚。實切難安。相應請
旨將臣交部嚴加議處。以謝天下而慰人心。庶幾浮言稍息。臣雖廢
黜。不敢怨悔。謹陳管見。附瀝下情。恭摺具奏。伏祈
聖鑒訓示。謹
奏。咸豐四年三月初五日上
再臣思以鈔之弊。防偽為難。故造偽之人。治罪必嚴。而誤用
之人。則已奏明不罪。免致用者疑畏。上月鈔局拏獲偽鈔。奏
交刑部。刑部似宜將用偽鈔人審問所來。但將來手傳到

質对不錯。便。將。前。用。人。釋。放。另向臣來。今聞刑部逐層追問。
来手。已传至六人。而一概拘禁。無知。愚。民。誤。用。偽。鈔。遞。至。牽。
累。不。釋。民。人。畏。累。益。不。敢。于。以。用。名請
旨勅刑部辦理此案。但有来手承認。即將收用之人。省釋。以免民。
累。實为幸甚。謹附
奏。
三月初五日同上

請徽郡暫歸浙江統轄疏

奏為敬陳管見，恭摺奏祈

聖鑒事。竊臣前見安撫福、濟請餉摺內，稱江南四府信息不通。又見請防堵徽寧片奏，稱江南之池州、太平二府，現為賊匪出沒之區。計有寧國、徽州、廣德三府州，逼近賊氛，防堵極為緊要。臣等相距較遠，文報或阻或通，籌餉撥兵，悉苦鞭長莫及。等語。是徽、寧、廣三府一州，該撫之不能遠顧，已可概見。寧國、

廣德一路，欽奉

諭旨令潘錫恩、吳鍾駿團練，當可無虞。惟徽州僻與浙省相錯，交界

山中距廬最遠陸路既極崎嶇水路又不與江通而與浙通故自來安省皆食淮鹽而徽郡獨食浙鹽蓋前人之因地制宜已如此本年正月匪徒擾祁婺劫財物擄民人其勢方熾一聞浙有援兵即至逆黨遂退去是徽州有事本省援救不及必移浙以救之且徽處浙上游為浙之西路門戶若有疏虞順流而下以達于杭實有建瓴之勢惟入徽之境率皆崇山峻嶺能保徽州方能保浙況蘇杭素稱富庶久為逆匪覬覦其所以不即攻擾者以常鎮一路有向榮以扼之上年擾及饒州本年擾及祁婺未必非窺伺浙省之意臣愚以為

今之仰似宜稍為變通以徽郡暫歸浙省、江統轄緩急相援
聯以蘇浙之力保徽亦可藉徽之力保浙唇齒相依庶期得
加又臣聞上年徽屬助捐之錢集有數萬至今未聞奏報想
文報尚有阻隔解運錢糧自更可知此福濟之請餉所以稱
信息不通也若暫許由徽解浙即由浙省報撥實為甚便一
俟軍務告竣即可改歸舊制以符定例似亦因時制宜之一
法可否請
旨敕下安徽浙江各疆臣察看地勢情形酌量辦理之處伏乞
皇上聖鑒訓示謹

奏。咸豐四年四月初六日上

請從緩定擬首從人犯疏

奏為敬陳可矜情節恭摺仰祈
聖鑒事。伏讀
上諭。因京師入夏以來。雨澤稀少
特飭刑部及順天府。將已結未結各案。逐一清釐。其有情節可矜。
或至含冤莫伸。務當悉心推求。即予平反。等因欽此。仰見
皇上清理庶獄。感召
天和至意。臣愚以為
國家欽恤用刑。凡情節可矜之事。多叢

恩宥。問刑衙門。仰承
德意。似不敢更有寬抑。惟輿論傳。有似乎可矜者。則為被賊裹脅之難民。逆匪自上年北來。每到一處。將良民加以烙印。欲以
逆黨驅為前鋒。不從則登時殺。從之則衝鋒受死。暫從而逃。則烙印難掩。必被查拏。曾偽官兵者。照律論死。未偽官兵者。
論脅而亦將不免于死。夫民生知命。知安。安不保。保護之而使為賊擄。棄家室。拋妻子。授命于賊。遇水則為橋。遇城則為
土守。則為壕柵。戰則為擋牌。此其情已可矜矣。幸得逃歸。方得再生可慶。乃以被脅之故。死仍難免。夫犯大逆。係奸細者。

年諭旨即為賊打仗傷及官兵罷自應死原非法之過嚴然
其中情節則因賊迫以威嚇逼以草其打仗也非心之所打
乃威脅之以不得不然其傷官兵也非心之所傷乃莫逮之
以不得不然是其罪雖應死而其心固可矜也至未打仗與
未傷官兵者一有烙印不許不剪一經剪開被脅時既經為
賊供役逃歸後又不赴官報明雖係怨賊豈得無罪僅予論
戍已屬從寬然而人既逃歸則當其為賊供役而其心固不
忘
國家剃以恩遇也其逃歸而不投報則卻愚等知自理歸來即

是良民不知必赴官報明而後可免罪也是此人雖難免罪
而此心實可矜也抑臣見有自勝保軍營回來者據稱屢次
勝仗殺賊極多此間裹脅而並犯長髮者亦不及騐之皆系
烙印又聞載齡奏拿獲悍逆之金有一案據金有供賊裏去
的人恐怕逃走都刺了字因我投營替他出力打仗並沒將
我刺字是有烙印之人皆賊所見為不願悍逆之人此可矜
又有老幼者又聞各處拿獲形跡可疑人犯先自嚴訊取供
熏以香烟往往有實未殺傷官兵者因熏急難受又不知殺
傷官兵之必死遂以妄供迨至輾轉交審前供難改因而誣

服是從賊而殺傷兵丁之犯，其中亦或有可矜者。伏思被脅
之民，上年疊經奉有
恩旨，凡此情節久在
聖心矜念之中。惟聞嘉慶六年
仁宗睿皇帝詔蕭福祿盡釋被脅從千餘人，而渭北有久旱立雨
之應。或者此內尚有可矜者，當此嚴捕未清，恐逆匪借脅從以
施狡詐，或未便明發
諭旨。竟如寧文查監利，將被脅釋令歸農，可否
密飭問刑衙門，暫收脅從，緩定擬罪，獲衙門毋許薰烟取供，又臬示

已多。幾不勝懸。可否令十。日。之。限。許。听。痊。埋。之。交。出自
天恩。臣愚昧之見。是否有當。伏乞
聖鑒訓示。謹
奏咸丰四年五月二十一日上奏
上諭王　奏脅從人犯。情節可矜。請飭從緩定擬一摺。逆匪自
上年北犯以來。附近勾結煽惑。其被脅鄉民。良莠本自不齊。迭
經近畿各路軍營。及步軍統領衙門五城等拏獲形迹可疑人
犯。均由巡防王大臣等審明虛實。核其情罪重輕。分別定擬具
奏。朕權衡至當。其實係從逆之犯。斷不能為之曲宥。如係愚民。

原未嘗概予駢誅。亦祇以烙印為憑。遽處置重典。乃該侍郎輒請從緩定擬。試思執法貴在持平。明慎期于留獄。若使輾轉遲延。案多積壓。轉非清理庶獄之意。至所稱各處拏獲人犯。先用烟熏取供一節。著向刑各衙門查明。如果係實。將原拏承審之員指名參奏。欽此。

請除徽郡勒捐并嚴拿花会疏
奏為民捐徒費。民患轉深。勢恐激變。恭摺具奏。請
教查办事。竊臣籍隸安徽歙縣。徽州一府。距廬最遠。因安撫有傳
息不通之奏。又春間有賊擾祁黟之事。曾于四月奏請將徽
郡暫归浙撫管轄。一則以徽處浙之上游。必保徽方能保浙。
一則以上年歙縣劝捐。集有制錢數萬。不能解廬。可解浙
以供撥用。乃近聞上年民捐之錢。批有九萬。已交者七萬
餘串。又公議合郡鹽斤加價。归公收費。二萬有餘。又提取存
典公項。亦有數萬。統計不下十數萬。因經手之人。冒銷不可

勝計。現在均已成空。乃復立續捐局。用不肖紳衿數人。按戶誅求。有不遂者。或帶勇登門以擾之。或鎖押牽連以逼之。有老幼同繫者。有棄房變產者。數日之間。集有三萬。又声稱要五十萬。區區一邑。何能堪此。現在怨声載道。叫苦連天。民情皇皇。不可終日。此患之在斂以此。更有患之在志者。擄掠以練勇。練勇敢以保民。乃正月賊至和門大洪嶺。防勇先乃逃散。幸賊二月初一至墅。墅之紳勇乘昔夜雷電大作。併洪援大至之声威。四起喊殺。賊驚惶莫測虛實。次早即退回和。旋退回安慶。經此擾害。宜何如備練義勇。以為防害。乃今聞用防勇、皆、花、会、人。不守要隘。而駐初塱之市鎮。終日四出。奸淫擄掠。安卧不至。又、復、到、處、廣、開、花、会、以、惑、愚、民、花会向為歙休之毒。今更移毒塱初。塱初之人。始受賊害。今受勇害。又受各勇開花会之害。此、患、之、在、塱、初、又、如、此。現聞兩邑不勝其害。羣起公憤。有、紳、監、義、族、以、抗、勇、之、議。若果如此。則徽必内亂。内亂作。必將引賊復來。而徽难保。即浙亦难保。伏查花会久干嚴禁。其術類燈謎。以厚利誘人。墮其中者。至死不悟。故又稱花燈盅。本惟閩廣有之。自道光二十八年。忽流入歙。漸以大盛。延及于休。因而傾家喪身者。不知凡幾。至三十年。知府達秀澂于申論。親拏數人，懲办。風以頓息。一时士民。作為詩歌以称頌之。謂此毒可永除矣。不意上年乃復熾。蓋該府本中人。非不可與為善。無如作一李姓門丁。惟言是听。而稟生潘炳照原名杭恩。因疊有控告。遂更今名。素黨綠與李門丁結為兄弟。見安省失守。花会衡開。遂說該府以听開花会。可以斂錢招募有了可用。該府信之。而潘炳照遂與設行之之吳日富。招攬無藉之人。大書義練局為名。而實以開坊塲。于是聞風起者。數十處咸屬焉。而收其利。初難作。正有了时矣。該府急求二人。而二人避匿不見。迨至該府另募勇千餘将赴祁。二人闻势已壮。乃慢出招旧兵颗。陆续而乃。始来降贼去後。则互相推诿。逗留不进。迨至二月初五日六贼已退尽。乃于初十慢争赴祁。将贼踩未掳之钱米衣物钩。以搶劫以为功。祁城左右数十里。以奸劫死者。不计其数。该府于十六日到祁。見勇如此。並不一一懲办。自应即行遣散。乃他勇皆散。而独留花会之勇为防堵。以花会之目为统率。约束兵方。费用兵節。加以總局開销。日费钱数百串。计月必至数千串。一年即十数萬千串。贼滅兵时。民力有尽。逐使外匪不至。而民已有不聊生之势。伏思

國家勸捐原不忍竭民之力果所捐為報
國家之用即竭力亦所當然若以民捐之錢養勇即以所養之
勇害民竭良民之脂膏脂供無賴之魚肉賊不來而即以無
忌賊一至而避匿無蹤則民命堪憐錢款尤可惜當此撥餉
支絀之時似此捐數較鉅正可解供撥用豈可聽其妄費夫
防堵誠不可無然貴與團練而不可招募紳衿原所宜用然
必擇正人而力屏小人凡入巖境皆有險隘誠就各該處訪
本地之正人聯本地之義勇無分各安生理有警互起救援
則費省而守自固若誤以招募為團練用小人而役正人不

敢。出。則非徒無益。而又害之。以徽歙今日。其患有不可勝言
告現在安徽巡撫軍務方殷。並苦鞭長莫及。惟浙江巡撫黃宗
漢。公正廉明。莫與倫比。極知徽寧為浙大門戶。寧守可恃。而
徽守不可恃。地方易守。而人不能守。上年即發數十札以敕
達秀。而不能聽。措大礮數萬。撥礮烏槍火藥等件。以資之。而
不能用。該撫春間一聞初賊之信。立出發兵四路。馳救告示。
等數千張。編貼徽地。飭沿途預備粮餉。一時聲威遠振。賊之
驚走。實賴撫力。加徽守無能情形。無不聞知。第以隔省限于成
例。未便竟派員管徽耳。今徽民實不堪命。而防守浙亦兼資。

可否仰乞

天恩密敕黃宗漢迅委大員。潛馳赴徽。先將前後捐數查實。俾無

隱沒。再由撫臬。立除勒捐鎖押之風。以安民心。嚴拏花會匪

擾之害。以除民患。去不肖之紳衿。而延訪公正有才之士。由

商勸捐帶勇。扼要為防。于此保徽。即以保浙。地方生靈。均為

幸甚。臣為惜捐款安生民保地方起見。是否有當。伏乞

皇上聖鑒訓示。謹密

奏。咸豐四年六月十三日上

該裁勝保矜驕之心免悞大事現附該分此師横截江口以保徽浙一片

奏為敬陳所聞。恭摺仰祈

聖鑒事。伏讀上月

上諭。勝保圍攻高唐已將兩月。進攻總未得手。兵勇亦有傷亡。蕞爾孤城。逆匪為數無多。何致日久負嵎。屢攻不拔。乃本日奏報。仍以挖濠鑄礮。藉詞遷延。似此勞師糜餉。何日始可蕆功等因。欽此。仰見

聖明遠照。策勵必嚴至意。臣惟該大臣之統軍也。人皆以殺敵致果。前年禍亂朔之。比到揚州。屢見勝仗。旋因追賊由安徽而行

南。而山西。奔馳數千里。轉戰無前。所、向、克、捷。
皇上鑒其奮勇。授以威柄。賜以策勵之志至。天下仰如神人。理
國家得此人為統帥。賊可計日滅矣。乃自入直境。声名頓減。因
因而攻撫、流、不下。攻阜、城、不下。今並賊數無多之高、唐、攻之
亦不能下。中間雖有臨、清、追賊之功。然聞由賊中自敗。猜嫌。
互相攻殺。因而乘之。非真該大臣之能。且沿途殺賊。有黃、良、
楷、徐、有、信、兩州縣。亦能盡該大臣之力。似該大臣入直以後。
絕無一可稱者。夫以一人之身。而前後異轍。利鈍相反。何哉。
今之論者。以為該大臣意。殆謂高、唐、破後。必責以破連、鎮。責

以南下而破金陵鎮揚。彼自計不能。因而眷此小窟以自安。又或理該大臣為小人所惑。現已耽于声色玩好。日飲醇為樂。不以軍務為重。臣理該大臣素以報國自命。当不至此。唯以臣所聞。則其年功蓋有由然矣。臣聞該大臣有不得民心之道矣。謝子澄之保天津也。天津之人愛如父母。而鄉勇之功亦实足多。設令該大臣到津。而將該令極力保奏。將鄉勇從優請獎。則足以收民望而作士氣。乃計不出此。而津人之心遂不屬之矣。張亮基之在山東也。民頗称之。乃当正率兵勇連日殺賊之際。突聞被參。一时咸為不平。理該大臣以私意相刺劾而東人之心又不屬之矣此時不得民心也乃又有不得將心之道焉查時下督統帥年輕資淺諸營宿將未免輕視而該大臣既不能謙沖以用群才又未見調度出奇如周瑜之有以服程普故皆不甚聽令之處有之至達洪阿被參而諸將聽令唯謹矣乃該大臣與諸將絕少見面常不聚而後謀謀而後動每日但傳令派某軍出隊某出隊之如何運謀如何制勝即領軍人不知此餘將弁又安能識大帥之心不能得心安能應手夫分營圍剿時間相距或數里十數里不等必待令而動則南營戰而北坐觀東面攻而西袖

手。固無足怪。然兵至于不相救應。豈有勝理。軍務机宜。間不容髮。賊雖詭譎。豈無間隙可乘。有可乘而莫之乘。往往卻成錯過。則不得將心之過也。且又聞有不得兵勇之心者也。蓋其待兵勇也。厚薄不免歧視。故勇多不為用。至兵宜為用矣。而又以寬縱失之。當其聞令不進。見賊輒退。未嘗不盡口痛罵。極稱要殺。而一經求免。即止不問。夫軍令如山。大帥一言不可殺〻可不殺。不宜輕出諸口。業經出口。則令出惟行。乃既為必罰之殺。而可以求免。其兵尚可用乎。及此三知有一不得。似即足以僨事。且自來行軍者。以多算勝。不聞言多

出戰戰也。乃聞我軍每日必出，幾成隊，出賊營施放鎗礮，賊
初不出，待我火藥盡而兵氣衰，則突然衝出，故兵往往見賊
即走。夫兵日出則疲，分出則單，我勞而彼逸，我竭而彼盈，似
皆能勝算，而終未聞變計。夫該大臣非時稱持戰與前時向
克捷者歟，何為而至此。且嘗細加訪聞，知該大臣喜人稱頌
戰功，又聞以于戰威聲一腔血憤自負，而竊有以得功故氣。
人心一有自喜之念，則驕矜不期而生，由是諛臣日至，善言
不聞，一切措施皆誤而不自覺，故驕兵必敗，自古為戒。夫勇
往與前衝鋒不避，此該大臣之能也。然此乃戰將之能也。古

之大將不矜己能不伐己功集羣謀而必使吾隱用羣力而
務屠賊長讒大臣豈未前聞而遂以自足耶現聞讒交賊止
數百兵疲而弊而讒大臣方遠調鐵工窮搜廢鐵以鑄大礮
為攻城計夫以疲弊之兵攻數百之賊圍之數月乃謀鑄礮
礮成不知何日窮寇狡賊不能待必有變出而礮無所用之矣
昔諸葛亮兵數敗衂自咎不聞其過謂諸君攻亮之過則兵
決可勝田單以破燕之威攻狄三月不能下一聞魯仲子言
而下之讒大臣備法二子去其驕氣而以虛心待採人言高
唐之援似無庸更待鑄礮耶臣于讒大臣初無素識然愛之

重之。亦嘗稱其能軍矣。方今將才不易。豈忍從而毀之。至如
奔動日飛。声名日起。誠恐將以驕矜致誤大事。而誤大臣亦
不保其功名。用是直陳所聞。伏願
皇上激勵裁抑之。又從而提撕警覺之。使之悚然有悟。翻然改為。
由戰將而進諸于大將。則
國家幸甚。誤大臣亦幸甚。臣愚昧之見。是否有當。伏乞
聖鑒訓示。謹
奏。咸豐四年閏七月初九日上。
再臣聞向榮營中。于六月中。盤獲奸細。探知底鎮江面。不能

暢乃往來。擬由黃天蕩直達蘇松。恐此路防堵嚴密。則由徽
甯繞赴杭州蘇州。以蘇杭糧米所出。必須取為持久之計等
語。六月杪七月初間。果有賊船七百餘隻。突入池州大通。
已抵青陽。將分路由嚴甯窜擾入浙。聞浙撫臣分派兵勇往
援。嗣後不知該匪船退出與否。臣思浙江雖似完善。而兵單
餉竭。人所共知。該撫臣尚能將本省全漕運津。京師人心藉
以安定。即蘇省本年未經辦漕。若年復一年。浙之嘉湖近蘇
該郡。勢必効尤。抗不完納。是今必得早奉
嚴旨。飭下新任蘇撫臣。督屬預籌新漕事宜。況該省歲收豐稔。積

轂必多今賊匪已覬覦及此豈可不急為之防保護浙蘇必
先保護徽寧欲徽寧之晏安必先于江面上游太平蕪湖池
州三江口岸派委水師得力將弁多帶師艇拖罟紅單各船
扼各口岸堵剿兼施聯絡上下聲勢但能不令一匪船闌入
內河則賊以保蘇杭以保全明嚴衢漕知為功實大倘此三
口不能扼守而徽寧稍有疏虞則順流入浙不日可至杭州
浙江未經戰陣之兵即使操訓練激勵不至畏葸而力不敵
年有地係屬在彼時大江南北兩帥以收復鎮江空城瓜州
破壘為捷報臣竊理說得美不償說失也伏望

諭知向榮嚴飭水師。多派師船，橫截太、平、蕪湖、江口。仍望

特飭諳善分撥水師，泝流而上，直達安慶對渡之池州、大通、河口。

實力截擊，與太平蕪湖兩口之師船聯為一氣，不得稍存畛

域之見。奏以水師人員與船隻兵勇無可分撥為辭，則尉以

為浙江蘇州以維大局矣。自在

聖明洞鑒之中，臣不勝進慮迫切之至。謹附片具

奏。咸豐四年閏七月初九日附上

引申例意請給官員受傷殘廢俸疏

奏為例文各見例意互明敬擬推詳恭摺奏明請

旨事竊臣查兵部例載出征受傷休致官員分別給俸餉一條稱

副將以下守備以上官員因老病告休曾經出征打受仗

受傷五處六十以上可否賞給全俸五十以上可否賞給半俸

均請

旨也打仗受傷在三處以上者無論年歲均以可否賞給半俸請

旨此官員因三傷而不論年歲給俸之例也未言及殘廢又優卹

出征殘廢年老兵丁一條稱曾經出征打仗兵丁於年屆五十

以上。不能差操。解退名糧。有子弟在營食糧者。月給餉米三斗。無者給守糧一分。其受傷患病。致成殘廢。解退名糧。無論年在五十上下。有子弟在營食糧者。月給餉米三升。無者給守糧一分。此兵丁因殘廢而不論年歲給糧之例也。而未已、又官員例文如此。部中亦案因于官員被鎗礮一傷。致成殘廢。請給俸者。即以能三傷。能在五十以上。議敘。而兵丁有因傷年久成廢。請給糧者。以無論是否三傷。是否五十以上。議准。伏思官員之俸。即兵丁之糧也。

國家之待官員。較之兵丁。似應加厚。乃兵丁殘廢。不論是否三傷是否五十均准給糧而員弁殘廢則以傷區三等年未五十不准給俸似不可解且例文所載係老病告休与年老退糧之條於人受傷後食俸食糧尚歷有年而猶議給俸糧今則臨陣受傷登時殘廢即不得議給俸方今軍營多患退縮於能受鎗礮成殘廢者大抵奮勇直前不肯退縮之人也以現在奮勇之官員不得比于年久退伍之兵丁似恐難激厲將弁之意臣因再四推求竊意例文于員弁給俸兵丁給糧皆有論年歲不論年歲兩層論年歲者區於勞之常不論年歲者優於傷之重顧于優重傷之中官員則區三傷而不區

殘廢兵丁則分殘廢而不分三傷蓋三傷雖重較之殘廢則
為輕至于殘廢則傷之多寡可不論于官員分三傷之意理
但有三傷不必殘廢即准給俸而殘廢之應給自可推于兵
丁分殘廢之意理周詳殘廢雖有多傷不得給糧而三傷之
不給亦可見兩條互看言三傷見本輕之可以該重言殘廢
見本重之不能該輕而
國家待官員視兵丁加厚之意亦因以見蓋文雖各異意實互
相發明並非謂兵丁殘廢准給糧官員殘廢不准給俸也臣
以管見推測（例）意如此現當激厲奮勇之時謹行陳奏恭候

宸裁。是否有當，伏乞
皇上聖鑒訓示。謹
奏。咸豐四年九月二十六日上奉
上諭：王　奏安勇兵丁打仗受傷，應給糧俸，例文各異，奏明請
旨一摺。著兵部議奏。王　手本部司官，並不會同各堂妥商
議具奏，輒自單銜請旨，殊屬不合。王　著交部察議。欽此。
十月初六日部議覆奏奉
上諭：前因侍郎王　奏安勇兵丁打仗受傷，應給糧俸，例文互
異，當降旨交兵部議奏。茲據該部酌議，奏請分晰給俸，並將定

例文。以防冒濫各等語。嗣後除受傷不及三處。尚未殘廢。仍不准給俸外。如傷雖一處。而實係殘廢者。著各路統兵大臣。及各旗營大臣。並各省督撫。確切查明。取具冊結。送部。該部即援照受傷三處。可否給予半俸之例。奏明請旨。餘依議。欽此。

請以胡林翼亦理貴州軍務疏

奏為敬陳所聞恭摺奏祈

聖鑒事竊臣聞貴州桐梓之變初因遵義府各屬徵糧過重桐梓縣華華役楊儂喜即楊鳳因而煽惑上年早有風聲前令張克綸不行舉發但乞卸任及令陳泰階于閏七月間見邑民紛紛告變遣門丁羅姓往查而羅陰與賊通慢寢其事邑民無所赴訴相率遷徙八月初五日楊鳳及小霸王陳姓入城城已空無居人賊執陳泰階褫其衣冠送至遵義府前而縱而之此賊初起桐梓之情形也遵義知府朱右曾聞警招練

約副將常勝營第兵往勦。該協兵除徵調外。尚存有四百餘名。乃常勝向務侵冒。僅存空冊。無以應。該府再四催促。勉強僅得五十人。会同前往婁山関防堵。有生員楊姓等。率團練二百人。約該協等往関前。而已從山後繞出。為夾攻計。迨楊姓至山後。大呼。而山前無應者。遂奔潰。楊姓三十餘人。俱被害。該協既畏縮不敢進。迨賊過婁山関。返遁入城。而賊遂長驅至城下矣。此副將畏縮遺誤。被圍之情形也。省城聞報。大吏相顧推諉。至十四日。姓始定議。以藩司炳綱統兵。至二十八日。始与提督趙萬春至遵義之螺螄堰。賊率千餘撲營。时營中兵不滿百。以重賞僱募挑夫出戰。傷斃賊八人。賊遂潰敗。矣亦見賊之不難破矣。乃該提督等。既不乘勝進攻。又不駐札防守。反星夜退奔烏江以南之母豬箐。而賊遂日熾。省城震動矣。二十九日。貴西道福連統率至螺螄堰。遣近大軍。該提督與藩司不敢前。約福連到營會議。及至乃無一語。但邀福連來同駐。於是福連怨去。率帶東路回黔西屬去打鼓新場扼守。先是遊擊儒山、署縣丞陶履誠、署知州徐河清分路赴援。二十三等日。頗多得勝。又有文員韓超自龍里趕楓香橋。特戰入城。二十八日。賊來攻時。殲殺百餘。而賊遂遁。

若該提督等乘此急往力剿。不難立予撲滅。乃頓兵不進。致
使保、山、陶、騰、城遍害。省城紳民咸咎之。議具公呈請促進兵。
該提督始于九月十三日至中莊鋪。十四日分兵數百。往紫
入城。時韓超與賊接戰。已獲勝仗。該提督登高觀戰。為賊所
乘。几成擒矣。幸韓超回救得免。而軍械火藥盡失。軍威大損。
十五日該提督傳令回大營。兵已出城。嗣聞城外有賊。忽又
傳令返回。賊見之鼓掌嘲笑。十六日賊攻郡城。提軍不敢出。
至四更後。潛率兵開南門擬回大營。城外司號火起。不知為
官兵也。驚呼賊至。該提督踉蹌仍遁回城。遂失落文案甚多

伸。協實並無賊也。二十二日貴東道承、斷、至。適賊退雷台山。該提督乃乘間偷返大營。有高天擇知。總督羅繞典之戈什哈也。奉令先來。自二十八日後。每率練與韓超徐河清等進攻為前隊。而提軍分の五隊後隨。每高天擇等得勝回。提軍二隊不過隔山助喊。三の隊則惶未之見也。又有武舉顏姝、于進攻時。持大纛直前逼賊壘。以後軍不繼而陷。此、提督懦怯、屢次失、机、之情形、也。撫、臣蔣霨、遠自八月初間聞警。至九月十六。始出省駐離城七十里之劉佐塘。既不前進。亦無調度。遂以紳民以提督軍退縮奔控。乞請赴援。該撫傍徨失措。

有自認庸懦無能之語。又劉佐宸係由省城同委員採買。多魁杠。致民畏阻。逕由省城搬運。一石費兩石之價。此又巡撫防賊如事之情形也。該省副將如此。提督如此。巡撫又如此。似與對報。向不相符。現在賊圍遵義。分股破仁懷。圍綏陽。侵黔西。漸成燎原之勢。合省延頸企踵。日夜望總督軍到。而羅繞典甫到而歿。又聞興義府之安南普安一帶。另股土匪蠢起。勢尤猖獗。並聞獨山餘黨余光裕糾粵匪萬餘來寇。深溝高壘。其志叵測。該省之危急實在。伏思現在畿輔未清。三江未靖。何能籌餉調兵。遠顧黔省。然該省界連西粵。粵之賊方熾。

必將連結落不早滅亦且蔓延誅省地瘠民貧兵單餉乏未則共見辦誠非易然果先得能辦之人亦必有可辦之法聞桐梓賊初起時不及千人過雞喉關約四五千人近至雷台山約萬餘人分擾綏阳者四千人往黔西者千餘人此見辦理實速方免蔓延之餘驟又聞現任湖北臬司胡林翼前在貴州府道各任剿辦黎平鎮遠都勻平越一帶苗匪並黃平甕安滋事等案所到之處辦理有方士民帖服匪徒聞風解散全黔士民至今思之不置即令桐梓逆匪平前亦有胡大老爺在此不反俟伊去再反之語此又見能得其人自可辦

理。之驗。今湖北收復。善後事宜。有總督楊霈主之。料理或不
乏人。可否請
旨特敕胡林翼墨絰前往。兼理軍務。再請
敕雲南四川兩省速為添兵籌餉以濟之。庶可迅期平定。胡林翼
未到以前。名請于該省該大員中。去其畏賊之人。而責成不
畏賊者。督率綸連韓超。高天澤。徐河清。諸人。力籌防剿。庶免
逡巡。粉飾。致誤事機。至生員楊姓。武舉嚴姓。皆以同仇敵愾。
奮勇捐軀。似宜令查明請恤。以作團練紳民之氣。臣愚昧之
見。是否有當。伏乞

皇上聖鑒訓示。謹
奏。咸丰四年十二月初の日上

請江南北裁撤捐釐私局疏 清單附

奏為捐局林立。官私雜出。恭摺具奏。請
敕查办事。竊維蘇省自軍興以來。大江南北。供億浩繁。撥款難繼。
經幫办軍務現任江蘇布政使雷以諴奏請抽釐助餉。一
時不得已之策。然果江之南北。各設一局。于商賈販運往來
抽收百分之一二。似亦未為有害。乃今聞該省自二三月來。
揚州以下。沿江各府州縣。三四百里之內。有十餘局。攔江設
立。以斂行商過客。名曰捐釐。實同收稅。且其間有官卡。有私
卡。有名官而實私卡。種種情形不一。局愈多。而民愈困。弊愈滋。

知。聞商販莫盛于米糧。揚州府屬泰州等處。為出米之區。商民裝載至蘇出糶。置買貨物而歸。往來不空。稍獲微息。蘇州各局報捐。計米一石。成本錢於二千。歷十餘局。數釐便加至千文。併不。償。本。斷。成。裹。足。蘇。杭。低。積。不。充。勢。必。採。買。維。艱。商。力。困。此。而。疲。民。食。由。此。而。虧。他如雜貨有稅。鈔錢有稅。空船有稅。至手烟土私鹽。久干例禁。今則公然販運。止須照數捐釐。便可包送出境。偽。冒。作。而。屬。商。民。莫。去。于。此。蘇省各屬。賊氣逼近。團練巡查。在在均關緊要。一切經費。自必藉資民力。然大捐則有助餉之款。零捐則有團練之款。近復各乃店鋪。按月抽釐。鎮常而下。靡不遑如。加以沿江捐局。已虞民力難供。況復加以貪劣之假公濟私。棍徒之藉法以私。理歸糧台則不盡報解。理歸團練亦半屬虛文。且或託名召募則以浮冒任於開銷。假號巡查則以招搖一供費侵蝕。又於在處。恃衆人以斂錢。又以錢而聚衆。至晉安蘇遂港等局。竟有互圖併吞。大鬨爭殺。居民商賈。無不受害。已乃在丹陽縣。歷有控案。非特竭民脂膏。尤恐釀成鉅患。謹將各局名地方。繕具清單。恭呈

御覽。請

旨敕下該督撫並軍營大臣。將私設之局。察派弁兵。飭往查拏。以

防。杜。拒。將。假。冒。濟。私。各。局。密。派。委。員。潛。往。查。察。務。將。各。該。委。據。月。收。捐。號。簿。並。附。拏。獲。以。便。按。簿。追。繳。充。餉。再將各局分別裁撤禁止。于、江、北、設、一、局。以濟揚州軍營。飭江寧藩司文煜主之。江、南、設、一、局。以濟鎮江軍營。飭署常鎮道薛時雨主之。倘有侵吞擾害等弊。唯伊等是問。如此則商皆樂輸。民無擾累。匪徒知所儆畏。而軍餉亦有裨益矣。臣愚昧之見。是否有當。伏乞

皇上聖鑒訓示。謹　奏

江南諸局

一奔、牛、局、在常州府武進縣地。係糧台署常鎮道蕭、時、馥、奉
文設立。捐釐協助鎮江軍餉。派有委員紳董經理。
一小、河、局、在常州府武進縣地。係本地紳士設局防江以固
徒陽江面。復設有局。此局遷撤。有沿江棍、徒、惲、嵩山、等。私立
數月。復蒙示安為朦稟。派設委員。稅及空船。收用年款。以捐
釐數。每月僅解糧台二三百千。餘、多、朋、分、入、私。
一普、安、局、在鎮江府丹陽縣錢家港地方。係丹陽縣芳、生、朱、
泰、臨、印、朱喬。設立。三月中立局。五月中與丹徒沿江局聚
衆爭鬥。互相吞併。火、燒、漲、州、民、房。傷、斃、多、人。經洲民在陽邑

報明。出示禁止。朱、虎、趙、宋、俵、往投雷營。即托名為雷營所設。未知真假。其所收捐。未能知係否真歸雷營用。

一西、新、港、局、在鎮江府丹徒縣地。係丹徒人蔡友先等五月中設立。

一薛、家、港、局、在鎮江府丹徒縣地。係丹徒人王耀書等五月中設立。糾合西新港局。與普安局聚衆爭鬥。勾引艇船十餘号。沿、洲、焚、掠。丹阳縣有案可查。

江北諸局

一三、江、口、局、在揚州府江都縣。係前提督余萬清委員設立。

一仙女鎮局在揚州府甘泉縣地。係江蘇布政使雷以諴奏
准設立。現歸江甯布政使文煜經管。
一口岸局在揚州府泰興縣地。係鎮江劣生盧七設立。盧本
不安分交結鹽販。設局收稅。嗣經揚州府知府禁止。現仍設
一八圩港局在常州府靖江縣地。係靖江縣知縣馮姓知縣私
設。委靖江典史王墉經管。私攜釐數。每月千餘串。分文未繳。
經本局糧台蕭時馥節次催提。仍然不解。
一六圩港局在常州府靖江縣地。係靖江縣丞楊國均私設。
七月中旬曾解過糧台本二百千。以後未解。

內河二局、內河實不止二局。此係武陽最著名者。

一、戚墅堰局、在常州陽湖縣地。此係往蘇州要路，初設原因團練日久，費無所出，指以設局捐釐，後遂收及烟土之稅，難以查考。

一、西夏墅局、在常州府武進縣地。係焦湖船幫所設，專收私鹽之稅。動輒聚衆數百人，賭博鬥毆，橫行無忌，所收錢文，按股均分，官不敢問，恐其生變。

請收買銅斤以濟實用疏

奏為請收買銅斤。以濟部用。恭摺請奏明請

旨事。竊維今日財急。莫如籌餉。而籌餉所賴。尤在鑄錢。凡該銅斤短絀。解運維艱。採買匪易。等情。雖設官分職。固自各有專司。

而

國計軍需。未嘗不同深焦慮。乃籌思採訪。聞有素識之乍浦旗人已革知縣成昇。來稱訪有商民十餘人。多有銅斤。兼能採辦。第不敢與吏胥交涉。是以隱而不出。誠能于收買間。立法平準。免受虧折。該商民等即能採辦交收。当詢該商民等財

稱採办。究係採办若干。核成再稱總在一百萬斤以上。臣初不
敢信。因告以果有此數。係運省便每十成銅京錢八佰文壹
斤。其餘按成遞減。著該商等各將認办銅數出具切結。未肯
旋核成再取具各商切結交來。查各結商人共十餘名。認办
銅數。共百餘萬。皆有運回省便交收。如虛甘罪字樣。臣猶未
敢深信。隨約日期。令該商等聚齊。細加詢問。並令出具總結。
當面畫押。一一皆無異詞。且察該商等財力能办之數。似尚
不止于此。查此項銅百萬餘斤。足抵滇省壹運。以滇銅八成
之價計之。僅合京錢四十八萬吊。需銀不足廿萬兩。較之滇

銅壹進。亦有節省。該商等畏與吏胥交涉。每能應辦成色。
或有高下。致受虧折。應請
旨飭下戶部妥籌收買。務使商情克通。不致畏阻。自足以濟部用。
俟戶部議定之後。臣即將各商結。移文收理。再此項銅斤。由
已革知縣成興訪來。各商人皆其認識。必得責成始終其事。
方免推卸。惟成興係乍浦駐防。應回乍浦。可否請
旨飭令暫行留京。責成將此項銅斤交清。再行回旗之處。出自
天恩。臣愚昧之見。是否有當。伏乞
皇上聖鑒訓示。謹

咸豐五年正月二十九日上

敬陳九江圍師不可回救漢口疏　附請張芾辦徽防一片

奏為敬陳管見恭摺仰祈

聖鑒事竊臣知識庸愚見聞淺陋各路軍情鮮能深悉然竊訪問默察而以形勝揆諸大勢竊謂南方之勢全在長江長江之要全在九江此陸建瀛當日之敗逃所以為關東南全局也夫以曾國藩塔齊布水陸兩軍三日而克武漢長驅直下勢如破竹挫于九江數月不下蓋賊以九江為扼要故悉全力以守之如揚州之瓜步雖屢挫敗終不肯舍也今之分竄漢口正欲使我師回救彼乃得保九江而無後憂耳若曾國藩

等一行回救不獨前此之功廢于一旦即隨此股復至九江
城下窺隙難知何則賊懲前失但得我師一動必悉九江之
全力以上犯使我不能下以也賊勢之盛全在得長江千數
百里之地恣其游以數省沿江郡縣恣其劫掠兵無阻處糧
無斷處故得肆以無忌今日漢口至九江其間亦几六百里
我兵駐九江不退則此段江為我有雖不回救而與上游聲
勢聯絡使可調兵撥船于其間賊終有所畏忌不能往來自
如一退則全江皆為彼有下游消息不通縱留兵于九江亦
必被其攔截此九江之所以萬不可舍而回救之經策也或

曰不上救武漢則下攻金陵此尤不能九江以下彼必皆有
防守我兵豈能直達儻賊情詭譎故縱我兵東下因而抄襲
我後腹背受敵禍更難測為今之計惟有專心一志力圖九
江九江未下不作他想不可輕動所兵亦不可多分九江既下
亦必多用兵勇扼要駐紮以成重鎮蓋此地為賊既守即為
賊既必爭扼守瓜鎮在意在扼我之吭也扼守九江在懼我
之扼其吭也我得扼吭而抗之彼豈肯遂甘心唯必重兵駐
之以大將守之使漢陽之賊不能下窜安慶之賊不能上駛
全江之險為我既據上下游呼吸皆靈此九江之守与不

守。係失候紀。而兼之不可捷動也。若攻九江之策。曾國藩等
自必籌之已熟。而由臣愚見。我兵若由間道入江西。與江西
之兵聯為一氣。從南康星子一帶。水陸橫衝而出。彼必難防。若
曾國藩由內攻出。塔齊布由外攻入。似更易於得手。湖面防
清。江西安堵。更可招募練勇。多備餉需。為嚴扼九江之助。至
于漢陽之賊。總督則有楊霈。將軍則有官文。若能辦賊。似不
必定須曾國藩等二人。若彼皆不能辦賊。專恃二人之來。則
恐二人雖來而亦無濟。然此則在
聖明籌度之中。非臣下所敢妄為擬議也。臣以愚昧之見。私為懸

揣。是否有當。伏乞

皇上聖鑒訓示。謹奏

奏。咸豐五年二月二十二日上

再臣聞徽州現又被賊。々處竄此。意必有在。此地尚為賊破。則以建德之勢。東下浙江。固屬意中。而西通江右之饒州。一湖相望。又將與九江聲勢聯絡。且由徽而與池太之賊三面以攻寧國。寧國勢不能守。寧國不守。則安省之江南四府。已為賊成一片。而蘇杭亦々皆通。於大局甚為可慮。徽州實為山中。四面崇峻。原自有險可守。無如府縣皆甫到任。而本地

紳士又鮮禦侮之才。學政沈祖懋。聞現帶勇赴漁亭防堵。未
必經練。恐亦難恃。即浙撫極力維持。亦止能固東方一面。竊
見前任江西巡撫張芾。曾奉
旨交和春福濟差委。江北大員頗多。可否請
敕將張芾派往徽甯一路。擇要駐劄。籌辦團練防堵等事。資其聲
威。加以董勸。當較得力。是否有當。謹附
奏。
五年二月二十二日附

时势艰危请止　臨幸圓明園疏

奏为时势孔危。敬竭愚慮。恭摺仰祈

聖鑒事。伏見

皇上眷念松楸。时深殷慕。特奉謁

陵大典。而于民间之烦于供億。民力之不忍重劳。愷恻殷肫。恫瘝在

抱。

大孝至仁。敷天共仰。咸知为

聖人不得已之衷。第难安之隐也。乃愚頑無知。妄乃窺測。遥理闻

回鑾後。即将

臨幸圓明園臣固有以知必不然矣然人言日盛必當有以解之
臣請歷陳始末如恭俟
皇上明諭斥責藉以息愚頑之妄議也
皇上深安法宮于茲二載矣所以然知緣
國計艱虞民生塗炭憂勤惕厲
宵旰勤勞不暇有事于遊觀非因寇侵蹙轉而然也若連鎮甫平
即
臨幸御園則人將謂東南大局之多危各省小醜之竊發皆不若
連鎮一隅上廑

聖慮恐賊匪得窺我意之所重輕而馳於詭謀奸宄人之每以西北
東為恐喝此一不可也且賊亦正可慮矣逆首李開芳狡詐
異常難保不復竄出河南山東現以錢貴賦重窮而思逞者
不少一旦勾結潛通裹脅愈眾勢均難測又聞楊霈屢退扼
賊不住萬一竄入河南尤為可慮若於附近乃
還宮則未免示輕若不
還宮則絕賊以重
宗廟此又一不可也 臣又聞南北各大營兵勇口糧不能發時發有
積至數十萬者往往給以期票動逾數月兵勇衣食時有不

圍。每攻賊。賊輒以此種語誘惑我軍。軍帥之難以剋期督戰。
難以悉按軍法。每由于此。此時惟聞
主。躬屢勤節儉。常可感慰。飢軍不敢含怨。第一傳聞
臨。幸如常。士卒生心。或啟嗟歎。亦為可慮。此又一不可也。自古帝
王之學。首于主敬。堯曰欽。舜曰恭。千古心傳。
皇上以乾健不息為心。倬而力行之。
聖駕在宮在園。夫豈有二致。歟
聖懷原自日躋而虔謹。在但即動靜之迹以覘敬勤之衷見。
臨。幸。御。園。將俟賊滅年多時再有待也。

聖心已有稍寬之意慰飽天下仰望之心此又一不可也方今廷

臣才識庸下咸不足仰承

法意獨賴

皇上振作于上猶不敢十分怠既然迄今年以來意氣恬熙已能懈

前兩年之戒謹恐懼矣若見

臨幸御園則人心必更懈弛懈至無耽逸樂而振作愈難此又一

不可也且今日公私之困至極矣度支之經籌撥無慳困

不待言即各衙門公項各省概不解到吏役飯食多二

三年未給襤褸當差每至跪求革退司員日常進署有步行

如京堂率遇望期庫車進呈一次蓋在城之謁謝如此況
御園各朝房聞多損壞兼有傾圮無項可動支修理何以為之
此亦一不可也凡此不可之端自皆在
聖鑒之內臣第以人言懵無知識求
皇上明降諭旨直布於能使天下咸曉然于
大聖人率動迥越尋常固非愚下所能窺測即或
聖心偶有此意亦望俟克復金陵之後再或遲之又久而後行之
猶勿輕發庶免為人所窺蓋為人所窺即恐為賊所窺為此
冒昧上陳伏乞

聖鑒。臣無任悚惶戰慄之至。謹
奏咸豐五年二月二十九日上奉
上諭。王　　奏請暫緩臨幸御園一摺。現在並未傳旨于何日
臨幸圓明園。不知該侍郎聞自何人。令軍機大臣傳問王　堅
稱得自傳聞。未能指實。殊屬非是。在廷諸臣陳奏事件。如果確
有見聞。朕必虛衷採納。若道路傳聞。率行入奏。殊非進言之道。
王　身任大員。不當以無稽之詞登諸奏牘。著交部議處。原摺
擲還。欽此。

每說及君法。懇懇。欵欵。惟恐言肆。稍涉悻直。近於沽
名。致拂　聖懷。此等用心。進言者宜奉為法。　亨識

請籌徽州餉需濟用並除花会禍本疏

奏爲請籌濟用並除禍本。恭摺奏祈

聖鑒事。本月署吏部侍郎沈兆霖因徽州連年被賊。多向浙請兵

請餉。奏請添設皖南巡撫。奉

旨交軍机王大臣等妥議。臣亦隨同議上矣。惟臣見聞所及。有徽

州現時之急務。謹更爲

皇上陳之。

一請急籌濟用也。地方經兵燹之後。勸捐匯易。濟用爲難。然

有非難知。徽自三年勸捐設防。即歙一縣。已捐錢八萬餘串。

用至年底。尚存四萬餘串。四年春。義練局出而再捐。又收有數萬串。秋間學政飭各縣捐輸。又收十萬餘串。各貨捐釐七千餘串。茶引捐釐銀數萬兩。府庫存銀三萬兩。惠濟堂存銀數萬兩。鄉試卷燭銀數千兩。此外尚有提取各項存典本銀。各邑田收錢糧。各邑捐輸銀錢。並洑者與建德協借銀兩。未詳數目。統計以錢合算。總不下七八十萬串。今年正月印稱餉匱。豈上年一年竟將用盡。其中隱存太多。一乃嚴查。自然盼出。聞四年正月以前收捐皆由欽令劉毓敏。該令旋向丁憂。將銀錢冊籍全帶公館。任催不交。至今年臘近。乃逆逃歸

山东原籍。彼时贼未到城。不得藉口被搶。此、可查、者、一。上年
贼擾祁门。迟後有劫掠未般棄去之米。数萬石存各大姓祠
堂。官兵到後。即為封起。議以濟祁邑难民而未行。究竟作何
用去。此、可查、出、者、二。義練局到处勸捐。自收自用。靡餉数十
萬。練勇并無花名册。發餉並無報銷册。彼浪费固不堪言。然
有置產者。有寄顿者。此、可查、出、者、三。學政設籌餉局。捐项皆
交府庫。學政但發實收。頗為清楚。後乃有自發收自發者。多人
初不知。因學政傳錢号入聽郡色。彼銀者多。且有金条。均称
係捐项。乃始知之。此、可查、出、者、四。二月初八練首潘、炳、[illegible]等。見

贼已逼。将出左旬之惠济堂存典本钱朋分而去。十一日潘、
炳、恩、㨿贼未到。慢持刀至府库。强取千金以去。时库尚存五
六千金。署府门丁宗、姓、拿去二千。余交库吏杨、大、昌、礼吏孙、
培、分而携之。皆有书院司事许良贵目见。又学政委发街口
抽釐之林、用、光、吴、瑛、皆浙人。闻郡城破。即将收存未解之项。
朋分顺流。各归乡里。因分不均。有持刀相杀之事。此、可查出、
存、、五。又上年冬。各邑附徵钱粮。解交府库。以备解庐州大营
存数万两。均未及解。贼未至前。谈署府曾有安顿。此、亦可查出、
者、不。以上各款数。皆不必。但能查出即用。可济用。且一切清

查各捐户見財捐不至尽成虛擲，亦必勉而有捐矣。

一請嚴除禍本也。徽州之难，由于練勇招人，而練勇所以招人者，則知府達秀誤以花会之人為之也。該府初頗禁花会，緣廩生潘炳旦串結門丁李伯懷為兄弟，窺該府方招練勇，因共議以所開花会，即可斂錢聚勇，平时無需养費，有事可以得用，說入听。遂招向為会首之吳玉富為之樹旗幟，大书義練局，聚無賴不法之徒，以廣開賭場，然犹僅收賭場錢，未至廣為偏也。上年初賊退後，吳玉富帶花会人同往耀武于無人之地，搜括附近財物以報功，該府信之，而留其勇為防坊。乃更于各邑编开花会。至数百处。赌塲益广。勇势益横。集勇不过二三千人。且来去无常。而虚称四千余名。以领饷藉。实以毒民。而民莫如何。藉勇挟官。而官莫如何。一时贪利附势之徒。又从而张其焰以助之。各隘口有自设勇为防者。必撤之而易以花勇。绅士有（异议者则）侮勇毁其家。殴辱其子弟。以致正人屏息远避。而该府亦自知被误。而要急以死。学政沈祖懋之至粤也。初亦有闻潘炳出入谒。及闻其势稍敛。後有豎人汪玫安时出入沈署。自称为沈门生。潘因密结之以通门丁与幕友。声色货利。恣各所好。于是学政署。与匪为潘巨知。乃復使人請潘氏三請乃至吳玉富亦然。時吳府恩禧署縣博銘。與合邑人。皆知練勇糜餉了。去至將建德之源頭茅叜。焚搶幾二十里。誅殺人痛恨入骨。必將有難。且平日性與訓練。賊至必然潰散。而學政則唯是聽。任其冒濫縱恣而不禁。且親到新安捍衛所字以贈玉富。又憑玉富口稱欠發餉數。請作捐項給以都司衙實收。于是人人皆知禍難之必作。而賊果至矣。賊至而勇即潰逃。且布散謠言。乘机搶掠一一以人財慮矣。今邑即恨潘吳二人。咸欲生食其肉。二人固為禍本。然詭僑知府與李政何賊出則李作壤汪段安又舉

中之秘奉必數人。若不嚴除，則鬼蜮之技勢必百出，難將麾
底。至其黨與甚多，難以盡舉。然助惡分肥者，悉載人口，一訪
可知。均應分別懲辦。至學政本文學之才，未習團練，一任練
勇等賄為左右，表裏狼狽，羈縻以為用，而不知此種不正之人
不練之勇，為糜餉而集，胸中早由一逃，斷無可用之理。且
一用此等人，必至聲名被其敗壞。潘、炳、照等藉稱學政清苦，
于茶釐每引為扣二分五。又適緣一富室以重贄拜認門生，
遂有苦不苦，茶釐祗要二分五；清不清，拉着捐戶拜門生之
謠。今賊雖退，人情惴惴然，咸慮學政將引潘、炳、照等復出，使危

会再閱歷徒重聚只徽之內患即不可為故有理學政一日
不去徽禍一日不止者物議繁滋雖難盡聽然衆口詞使來
必盡虛無因合請
敕令該學政加嚴收操練勇之事實為要者
以上二條實為徽州現時之急務請
旨密敕浙江安徽兩撫轉飭現在徽州之委員即以查辦至徽禍
始終皆由花会尤宜飭地方官嚴以禁斷務必絕其根株地
方有幸臣因見聞所及縷晰上陳是否有當伏乞
聖鑒訓示謹

奏咸豐五年六月二十八日上

徽寧防堵。沈學憲為人端正。頗欠才識。軍務全非所長。張中丞辦理五年。徽寧倚以少安。其時張公位孤卑微。軍餉仰給浙江。江西兩[省]。諸多掣肘。乃能支撐五年。不至決裂。吾嘗以為徽寧防堵。張公當稱第一。亨識

請省己用人聽言以收人心而警天變疏

奏為天時人事危迫日深。瀝竭愚忱。恭摺奏祈

聖鑒事。竊臣伏見天象。今年以來。雨雪陰霾。為日既多。即見晴霽。

日旁亦若時有雲氣。精彩幾復如常。而二月初十。與三月二

十五日。黎明時。天色尤異。臣雖不識天文。然遇私心過慮。竊。以。

為。此。殆。天。之。所。以。垂。警。也。又讀日抄見

盛京奏。上年臘月。金州地震。四十四次。金州雖屬海濱。實近根

本之地。震者至此。竊又過慮。以為。此。殆。天。之。所。以。告。警。也。京

城銀價。貴至八九吊以外。百貨轉運不來。旅民日起愁嘆。若不

聊生此內之危迫也各路賊勢有增無減警報日至勇將被傷餉或待發年餘兵或時聞潰散此外之危迫也夫以天時人事至于如此而猶冀挽救之頭緒萬端亦幾無從措手知然臣以為此皆天之降亂而未有轉也誠得天心一轉則賊匪自滅天下自平是此時致力之方惟在求天心之早轉矣然而欲轉天心必求加盡人事欲盡人事必求務協民心何則天視自我民視天聽自我民聽也夫民之視聽果何在都臣以為一在省己一在用人二者皆本乎一心而握樞則繫乎此臣伏見粵匪竄擾以來

皇上捻念民生。勤求治術。以期仰慰

昊蒼。

郊壇大祀。致敬竭誠。虎尾春冰。常存敬畏。在天以實不以文。早為天下共見。而效歉未著。何也。昔太戊修德而妖孽消。宋景一言而熒惑退。感應之機。捷于影響。豈至今而有異。臣愚以為天之愛人主。如父母之愛子。人主事天。亦猶子之事父母。親眷未回。惟咎責敬有未至。天心未轉。惟念修省有未盡。願

皇上之更益深思而內省也。今日之民。苦至極矣。苦饑。苦兵。苦水災。捻匪。轉徙無常。存亡莫定。流離窮迫。莫罄形容。

皇上
誠憫民生之苦念切恫瘝至誠惻怛深自咎責于隨時隨事
皆深視民若同胞而有灼艾与為分痛之意斯民聞之而感
泣仰天呼之而喜回者非一也昔魯君以民服為問而孔子
對以舉直錯枉夫舉錯何關于民而一直舉而民快然若所
就一枉錯而民怏然若所仇豈必嘗有德怨哉蓋斯民也三
代之所以直道而行也故大學言平天下惟在公好惡漢高
祖封雍齒而斬丁公蓋當進者雖所不喜亦必用當罪者雖
所左喜亦必誅正以收人心也
皇上誠察民之所好惡好之則好一人而可得千萬人之心察民

之好惡先惡之。則惡一人。而亦可得于千万人之心。人心愈遠。
順。宿命天心因之以感格。本又甘、、一、也。顧臣以為二本。皆奉
于一心。而其樞則在此、言、何也。舜大聖人也。而群臣進戒。一
則曰。罔遊于逸。罔淫于樂。再則曰。無若丹朱傲。惟慢遊是好。
能。舜。濬。見。人。心。之。惟。危。而。不。以。為。遲。安。能。有。此。知人則哲。自
古為難。故虞舜闢四門。必繼以明目達聰。益誡慮耳目有
未用即用人有未當。而能合天下之聰明以為人之聰明
也。是者己與用人固能虛衷聽言。不為功且不獨此也。苗民
逆命。以不矜不伐之禹。而益贊之言。但曰滿招損。謙受益。脊

威王命羣臣吏民能面刺過者受上賞上書諫者受中賞
謗譏於聞者受下賞諸侯聞之皆來朝當時謂之戰勝於朝
廷則凡臣以手還命而求戰勝者亦在是矣
皇上御極以來屢詔求言並有言不逆耳不可謂諫之諭凡有稗
于用人行政之言無不仰邀
採納既而言或無當乃有奉
旨明斥者知作之第以其無當初非禁之使勿言也明前之言者見
多而今之言者則見少蓋臣下敬畏
天威挑議之使臣所多有不敢言者今無論於他即如各路軍營

某也將不勝。某也將必敗。道路傳聞往之。危聽而無敢以為臣奏。或則慮無實據也。或則慮有據而查時化為子虛也。或則慮臣之不巧而徒招嫌也。或則理權衡自在聖心也。是以皆不敢奏也。倘各路必敗之軍人早言之而去之。何至有敗壞之事。至于敗壞而後罷之。所失多矣。是以孔子稱舜大知。不獨好問好察。必曰隱惡揚善。蓋能好問察而人不敢奏。而問察而惡不為隱。猶恐善不敢奏也。且聞人進退之際。臣子有難言之隱。蓋懼干聖怒。而見罪無意。猶恐懼激聖心。而雖回無意。實係進臣獻納之際。臣又有難言之隱。蓋獲聽則人皆翕然而歸美于上者。喜。圖保不獲則人將譁然而歸美于下者。惧尤深用人聽言。若手視聽而閱乎民心者。至天往之有困不用而民愈望之。困不聽而民愈稱之者。誠察乎此。而欲以係民心者可知矣。

皇上批覽奏章。纖悉有誤。必駁

批示。天下臣民無不仰

聰所云天亶宵旰之勤勞。然臣以為精神之用。貴乎不務察顧務其遠大。而舍其近小。各督撫軍帥之奏務。直察其才之能否。與心之誠偽。備有見為不能而多偽者。預為去之。不待僨事。

之既見則所保實多且去一當去之督撫而全省之人心皆
感動去一當去之軍帥而全營之軍心皆感動所以收人心
在冗在大也抑臣聞明主勞于求賢而逸于用人故堯以不
得舜為憂舜以不得禹臯陶為憂楚莊王見羣臣之不若也
而有憂色今天下才實不足久在
聖鑒之中此誠可憂之至也然莫謂天下無才也天生才以供一世
用求在上求在下如羅澤南者今皆知為將才矣初則一歲
貢耳且湖南一省有江忠源兄弟又有羅澤南師弟則他省
可知第少有留意人才如曾國藩駱秉章者耳惟吳知吳惟

才愛才

皇上嘗諭令各督撫廣為諮訪知誠恐各督撫有見而不能知知
而不能用知嘉言罔伏斯野無遺賢是尤全賴

聖心
之誠求耳收一京將之才而人心感奮收一京吏之才而人
心尤感奮財以收人心者又在大也天下以人心為転臣之
財陳皆賤得人心之大同以冀天心之速轉現在武昌未下
而江西又復危急向聞該二處之人皆力與賊為仇而近聞
賊乘在多懇懼之者亦不久此中人心轉移之故道路傳聞
也

列聖深仁厚澤人心斷不能遽忘然不于此時急設法以維繫之任
賊出其假仁假義以為市則人心恐遂為所搖而難挽伏見
宸衷淵密不敢推測有定靜而安之神必有能慮而得之妙非淺
識所能窺測臣實心迫憂危遂不禁言之難已自顧一身毫
無可念第念受
恩深重無可為報是用竭其區區之愚敢以陳奏是否有當伏乞
聖鑒訓示謹
奏咸豐六年四月初三日奉
上諭朕綜理庶務略遑

列聖成憲。每日不兢兢業業。以致
天愛民為心。因思知人安民。垂于古訓。凡文武各員。如果才猷素裕。
甚有成效者。未嘗不破格錄用。即大小臣工。條理奏事件。苟有
益于國計民生。亦無不虛心採擇。見諸施行。所冀嘉言罔伏。野
無遺賢。庶可以漸臻上理。況近年以來。粵匪未平。河流未復。各
省地方。並間有偏災。赤子何辜。遭此慘毒。朕恫瘝在抱。軫念民
依。憂勤惕厲之衷。諒中外臣民所當共喻。本日據侍郎王
奏稱天時人事。危迫日深。致力之方。唯在求天心之早轉。又俾
民之視聽。一在省己。一在用人。二者皆本于一心。而其樞則繫

手听之等语。持论切当。与朕心遍相符合。当此时势多艰。力图
补救。朕惟省躬克己。于用人以政之间。慎益加慎。以期默邀
天眷。海宇敉安。中外臣工。亦当夙夜靖共。交相儆惕。以副朕孜孜於
求治之心。实有厚望焉。钦此。

中多名言至论。须知。实从。阅历。艰难。中。得来。故。说来。
分。外。亲。切。与抄袭陈言者大不同。如或别處無实拟
也。数语。又如盖懼干圣怒而见斥者亦犹浅一层。岂。
是。揣摩。影。响。可。以。得。来。 法亨谨识

敬率所闻人才以備將才吏才之選疏

奏為敬率所聞。恭摺奏祈

聖鑒事。伏讀上年十二月二十二日

上諭。现在用兵省分。委用需人。如有才兼文武。膽識出眾之士。自應隨时採訪。或令隨營。或办团練。以收实效。此外衡茅伏處。不乏英奇。並著各督撫廣為採訪。擇其素懷忠義。韜畧過人者。援实保奏等因。欽此。又讀本年二月十二日

上諭。现在江蘇安徽江西湖北湖南廣西貴州各省。正當办理軍務之際。著該督撫于所屬各員中。秉公察看。如有吏治才具。堪

勝道府之任矣著各保數員以備簡放欽此仰見我
皇上求賢若渴之心可謂至矣臣惟方今所急在將才尤在吏才
蓋得一將才可以弭亂而得一賢督撫則該省自不亂得一
賢牧令則該州縣自不亂從古奸民亂賊之起皆緣以數萬
甲兵制之而不足者始一良有司治之而有餘是求將才以
弭已亂猶不若求吏才之可治未亂也現在各省地方多辦
團練安民緝盜均于此見然衡茅之士非得賢牧令知而任
之不能有為以自表見是欲求伏處之英奇必自得賢牧令
始且夫牧令之良無不能得民心矣為宰而能得民心為將

自淨軍心除團鄉民以禦賊自修統士卒以破賊權有大小
法分畀同前如嘉慶初年之劉清以一知縣三入賊營賊不
忍殺帶兵卧至賊壘而避特比勳良將團不待言即近如合
肥縣之溫紹原能守孤城于四面皆賊之地非具將才而又能
用詐變之奧奇曷克臻此豈能求良將亦可于京吏中求之
即或有廉善素著而武略未優者牽之府足之勵循良而資奉
表率然而求之實將真用之尤期其為民為吏皆志在
勤民而不在獲上必不致趨承不為阿順不事鑽營能求訴
三者之外則不是一省多權督撫主之一軍多權將帥主之

才智之士。屢查差委。能有善用之人。或獻謀。而不見聽。或加
諫。而不見聽。則雖有其才。而亦終無以見。今天下多患無才
竊恐湮没于此中者。正不少也。昔唐憲宗怪無賢而任李絳
曰。自古無借才異代者。循其名而驗。以事。所舉十人。在今者
亦謹疏對聞。願
皇上之循名而驗以事。冀以收十人之效。
一前大興縣知縣胡啟文、循声卓著。武畧尤長。任武清時。賊
正遇委獨留。該員力以十家牌法。能使合境如一村。合村如
一家。但有奸細入境。立即擒獲。每日率鄉民親自訓練。民皆

戴如父母，奉如軍師。凡因事下鄉，或步行，或單騎，遇有詞訟，
就地立結。飢則懷出乾餅，汲井水飲之。清風善政，傳頌載途。
曾奉
旨以直隸州知州升用，現告病在京。
一光州知州鄭元善，該員務矢樸誠，與民親如家人父子，不
假書吏，不設管文。訟案隨到隨結，臥治有聲。當署羅山任時，
縣境與楚北接壤，又值賊擾之後，土匪蜂起。該員按綏團
練，境內立清，以人入境，暮夜無恐。楚北難民爭依以安。匪徒
理為不要錢、不怕死之官，相戒勿犯鄰邑。有匪被獲，稱願一

以下遺四人節略讀亦上諭便知其名

見鄭太爺死不慼。其德化感人如此。現雖保升光州。似尚未盡其用。

一四川墊江縣知縣孫孫濂、自分發到川。歷任皆有惠政。所至民愛如慈父母。值兵差絡繹。則典質稱貸以給。不科于民。每去任。不能具輿馬。則民資送之。去津江時。負果數千。民懇請代還。堅不許。該員志氣慷慨。于當世事務無不留心。尤喜講求武略。學博而識高。才大而絕不矜露。又能保惟時勢。曲体人情。洵為用世之才。

一湖北候補知縣葛政遠素有膽略。能耐勞苦。咸豐四年。揀遂到省。適值黃岡縣失守。設委署。無敢往者。該員請行。即日就道。入境訪詢團練情形。激以忠義。偵賊踪跡。督率往剿。奮以身先。由是民爭效命。殺賊無數。聞該府忌之。理其奏予擢進。而邑民實共愛戴。楚北來京者。莫不交稱焉。

一陝西華陰縣知縣倪印垣。辦事誠以實心。實力。辛勤。周練。年來。奉檄之先。辦理之善。人稱為關中最。

一山西知縣傅獻英。曾任神池猗氏諸縣。有廉吏之稱。其貌樸訥。而審理詞訟。公清素著。可以挽回吏習。感勵士民。現不知在何任。

一貴州候補知府韓超、該員在黔。與候補知府徐河清、守備高天澤、均以謀勇兼優著稱。而三人中。推該員為最。惟性。不肯。逢迎。不能。獲上。是以。未顯。

一浙江蘭溪縣訓導林鶚、該員前以歲貢在廣西學政孫鏘、鳴幕內。當桂林被圍時。隨同防守出力。及見賊解圍。特獻議請急多募兵勇。扼守興全。安使外寧。當時以省城緊要。不能盡從。該員膽識兼優。頗嫻武略。在籍倡辦團練。為鄉里推服。現任教職。亦時以團練勸諭士子。前年台匪剽劫。賴以安寧。

以上十二員。皆經再三訪求。因而記之。謹恭摺上陳。伏乞

聖鑒訓示。謹
奏咸豐六年八月十七日 上奉
上諭王 奏保舉循聲素著之府縣等官一摺。前因軍務省分
委用需人。諭令各督撫于屬員中察其才具官聲，堪勝道府之
任者，據實保奏。原因各督撫身任封圻，于屬員之賢否必能灼
見真知。並非僅前通諭部院大臣保舉人才之比。今據王
保奏胡啟文等各員。其所列事跡。或得自傳聞。或自加詳隱。雖
不純係虛聲。亦未必盡能確實。惟既據該侍郎臚列入奏。亦應
詳加訪察。以備採擇。既有摺內開列之告病大興縣知縣胡啟

文河南光州鄭元善四川墊江縣知縣孫濂廣西署平南縣知
縣李載文前任山東單縣知縣盧朝安前任陝西西鄉縣知縣
田福謙山東濟寧州知州黃良楷湖北候補知縣葛殷遠陝西
華陰縣知縣倪印垣山西知縣傅獻著貴州候補知府韓超浙
江蘭溪縣訓導林鶚十二員有業經各督撫保奏者有未經保
奏者其平日才具官聲是否與該侍郎所奏相符均著該督撫
秉公確查如有才堪出眾者膺簡用者即行據實保奏欽此

先生論及將才未免尋常如謂欲求將才亦可於良吏中
求之於此焉能得將才自古雄傑偉奇之士往往不善吏
治故將才與吏才大不同此中微妙曾公胡公深得之記
亨識

浦口防兵不宜調移疏　附請浙省江省廣鑄制錢暫濟民急一片

奏為地方關係緊要防兵不宜調移恭摺奏祈

聖鑒事。竊臣思浦口地方最為扼賊北竄之要。三年間賊竄皖豫而至直隸。即由於此。上年春偶將浦口防兵調移至揚。賊遂乘機大股而來。攻陷浦口。徑趨六合圍城。非張國樑救援之速。血戰之力。殺退賊兵浦口。則六合已不可保。而賊遂北竄矣。是可見賊情固日思由此北竄。而伺隙而動。必是可見浦口防兵萬萬不宜輕有移動也。且當張國樑克復浦口時。水路亦頗有葉常春等艇師在江面截殺。是不第陸營之兵不可動

即如路之兵亦不可動前車之監臣宜加意於近閘浦口防
兵有調往派鎮之誤該處僅留兵五百名並將久駐浦口得
力之水師一並調開江面絶無防堵不独對岸下関觀音門
之賊船可以揚帆而至浦口即江浦城内之賊亦可出而與
南来之賊併攻六合窃思堅守数年賊之垂涎者久結怨者
深若此自撤藩籬倘一旦有警救援不及不独該縣忠義之
民尽罹灰燼可為惋惜且六合不守則由泗達淮毫無險守
賊將直趋而北尤為可慮不知統兵大臣何以出此於理調
守瓜揚則瓜揚守已數年並無兵火何以必撤浦口之兵於

理防賊北竄。則浦口亦北竄之路。何以反少撤防。此等利害
安危。所關去鎮。臣偶有所聞。去為佳處。不敢不以上陳。務求
皇上迅飭統兵大臣。不宜專顧揚州一面。必須通籌全局。卽將所
調浦口之營兵與水師。提督。仍發回浦口防堵。以杜賊心窺
伺之萌。以免如上年竄擾之失。是為至幸。臣是否有當。伏乞
聖鑒訓示。謹
奏咸豐七年九月　日上
再臣思京城銀價。每兩現易京錢七吊六七百文。而離城百
里外。則每兩易京錢不過弍吊六七百文。雖大錢與制錢有
殊。亦何致相懸如是。嘗推求其故。則因年前江浙銀價。每

兩換至制錢二千零。自英夷上海收買制錢。各路販運趨利。
然上年秋間。即以湧貴。以銀易錢之數。漸減至半。本年海運
糧船至津。既帶貨物。兼出錢文。計帶錢至南。較帶銀為獲利。
大半帶錢而回。遂使北方之錢。頓形見貴。現聞南方銀價每
兩僅易制錢乙千百餘文。且無換處。都城苦錢壅。而南省又
苦錢荒。約六千文一擔之米。必需銀五兩餘。兵民安得不困。彼
夷人。乃狡黠。而以錢以易銀。賤入而貴出之。即此一端。利權已
全為所操。他且勿論。此可無怪鬥加。惟宜鬥智。臣嘗思之。古
久。不得其法。惟禁錢出洋。則銀禁早嚴。徒成故[illegible]紙。以大錢。

則京鑄尚滯何論外省現計惟有江浙兩省加鑪加卯廣鑄
制錢暫濟民急查從前銀貴錢賤每銀一兩鑄錢不過千餘
文而換錢可千數百文虧折既多故皆停鑄今錢價既貴已
無虞于虧折再請將錢法酌量變通使夷人無收買之利而
民間有流通之資如制錢例重一錢二分但京局改為一錢
則銅本已省十之二而銅鉛之起搭又從而增損之當更有
贏餘然此第暫濟目前之用難求破夷人之術而收利權于
臣惟賴
皇上廣求智能之士通籌熟計非臣愚劣所能窺及謹附片

奏。

請飭中必須通。顧。全。局。一語。以所見聞。惟　曾公明

公廉以近之。

嘆夷吾中國腹心大患。天主教各市鎮大倡。久之人

類且將盡驅入禽獸。嘆。夷。之。禍。較。之。五。代。北。狄。尤。烈。矣

不知伊於胡底也。

法亨謹識

請嚴防守以備不虞疏

奏為請嚴防守以備不虞。恭摺奏祈

聖鑒事。臣聞不備不虞，不可以師，而備豫不虞，為善之大。現在夷務機密，非外所得與聞。然聞夷船已到天津，臣竊有不勝其過慮者。夷情叵測，詎可視同前此之逆賊。其狡計嘗出我之所不及料，其逞奸嘗乘我之所不及防。粤東省城距虎門層層皆有礮台，在在皆有防守，而一旦乃為所乘者，不備故也。今天津距京纔二百里，朝發夕至，無險可扼，雖夷船尚在外洋，不能遽登陸，夷人形貌迥異，不能遽潛來京。然五口通

亂已十餘年各以奸人未必無為用者設使暗遣奸人混來
城內布散慣焉之火器于各處而以夜半同時發之兵民手
素無備倉卒必將亂竄加以窮迫飢民恃而搶攘於間即數
十人可成千萬人猶不至遽成大害而且為彼所笑現在風
日乾燥而旬之內疊見火災殆天所以告警城內似宜嚴加
隄防而
御園在城外尤非內城之比雖門禁均極森嚴然恐變生可防
有餘在遇有事而猶或不足未欲武元衡之事古來所有尤
不可不為之備臣為正月間日蝕之異實有不勝過慮之情

不敢盡言之隱。歟

皇上与左右大臣。早為密籌而備豫之。似爲目前急務。論者必以

臣慮為過。然自來非常之患。大抵出于不必慮不足慮之中。

但願事事皆出有備。而臣之過慮為無當。是

國家之大幸。愚昧之見。猶敢密陳。伏乞

皇上垂鑒。謹

奏咸豐八年三月初八日上奏

旨留

嘆夷侵犯帝都志士髮指　法亨謹識

論夷務危迫條陳守計疏

奏為時勢危迫。敬竭愚誠。恭摺奏祈

聖鑒事。竊維夷務机宜密。外間向不得聞。而天津距京至近。來往人多。道途之口。難禁傳說。現聞夷船已到天津城外。是海口不能堵。河口亦不能堵矣。臣自上月聞夷船北來。即慮其情叵測。因有嚴防不虞之請。然斯時船在外洋。商理不能登陸。今在天津城外。則登陸易矣。至京易矣。臣前既奏。不勝過慮。不敢慮及矣。今竟不敢不及。不敢不慮。願

皇上恕其狂愚而加採納焉。

一請

皇上暫以進城也夷情奸狡猖獗其意若探必以之為券其中必有不測之謀且在各口有年必得有奸人悉我京城虛實熟我往路情形如果一到其奸狡潛師而來乘風雨昏暮直趨

御園即使得報而倉皇進城既失寶多又或散遣細分去各路蹤徑深至

宮門放燬一聚倉皇之際變起非常誠有不忍言者

皇上受

宣宗成皇帝付託之重

宗廟
社稷皆在城內豈不念及想
聖意以一乃移即恐人心驚惶故以鎮定處之無如強敵逼處警
振聽聞人心已覺驚慌惟賴
皇上還宮庶幾人心獲安論者每謂
國家厚澤深仁二百餘年斷無他慮以天理言固自如此然以
天道遠人道邇惟盡人所以合天盡事待天而不修人事則
葉名琛即如倨天仙之言而誤事又或謂輕動恐示敵以怯
不知我之怯與不怯在敵早經窺透全不關此豈可徒務虛

名而忘實禍。臣聞上年彗象之異，應在大臣受辱；而今年正
月又有日象之異，日主君象，非臣下之比。臣實不勝過慮，故
不避罪戾而為此請。願
皇上之惕俯惺以慰臣民之望，天下幸甚。
一請嚴守備以固人心。又今夷氛業已逼近，而城中未見設
守。想
宸謨必蓄有部署，非淺見所能窺。然與其使人不知而人心憂疑，
不若使人知之而人心安靜。論者或謂夷情務在主講和，庸
多事張皇，徒滋紛擾。臣竊謂講之一字，特夷人借以要我而

不為之備，豈可以之自誤？我不為備，則以啟戎心而講愈難。我誠有備，則隱戢貪謀，而講亦易。試觀彼之日日予講而節節進攻，即知我之內宜自守，而外乃可講。況東年來糧價昂貴，旗民窮困已極，平時賊竊已不勝多，若再積有歉佬，則土匪動而飢民從之，必至搶掠紛起，誠恐夷人未至而城中已先亂矣。設守之要，先防內亂。盜賊火燭，事似細而所關甚鉅。故宋宗澤守城，凡犯竊與失火者，皆立斬。此時固宜定為巡邏，以安民心。似宜更令商民分段自為聯絡，以固城志。

一請廣儲庫以示不竭也。今日在位諸臣，大抵老成練達，大

知人善任曾節相稱第公此忽尚負未周

奸惡固屬絕無而大才能亦殊不易彼長所長之人必極彼國之選選于此而將之戰必先謀敵之所以敗我至于竭智畢慮其決於無可敗而後可以將之守必先謀敵之所以攻我至于竭智畢慮其決於無可入而後可以守此豈尋常循知其之所能若但據名位為委任勢必至于誤乃執彼為誤於才能限之也夫天地生才不在上則在下觀聞者一得驗兼章之知人善任而於才遂用之不窮是於明証應請

詔令廷臣各舉所知無論資格例得奏事者自以其奏不能專具

呈長官代奏以期群策群力之效

一讀激勵人心也。傳守既備，人才既具，守可固矣。然非能得人
心，猶不足言固也。聞該夷所最要求者，在進城與傳教。此次
不能許之事，應請將此二事，如何包藏禍心，如何毒害生靈，
如何狂妄無理，
明降諭旨，剴切宣示，使百姓聞之，人人憤怒，然後加溫諭以撫循
之，加
恩賞以鼓舞之，俾然民爭效命。該夷兵艦極多，不過數萬，安能敵
我百萬衆之城乎。
以上四條，專為守計，守定再與戰，戰而勝固善，即戰不勝，退

至城外。亦可以守。臣料該夷孤軍。但敢乘不備而來。不能久
離船。而往。如其竟敢舍舟登陸。則另調外師。焚其船。而各路
之兵。內外合攻。必使無反矣
國家根本重地。即使萬全籌措。猶當鑿池築城。上下同心協力
至於守之說。今庫藏不有百萬。漕米約有五十萬。安可委曲
俯從。以貽後悔。臣愚昧之見。是否有當。伏乞
皇上聖鑒。謹
奏咸豐八年四月十八日上
所陳四條。語語切中。其間知人善任。而其才遂用之不
盡之語。尤為不磨之論。法章謹識

陳備夷務疏　附一片

奏為恭摺奏

聞事。竊臣奉

命辦理團防，自當隨同周祖培等，與五城御史悉心籌畫，而官紳士庶，聞而來見者，臣亦必與延接，以資訪詢。連日所接之人，與所聞之語，率皆忠憤鬱勃，以覺人心頗為可用。惟是振用

人心，必由

聖心，務須

聖心內斷於中，所弗許者，必絕勿許，所當為者，乃可有為，至於當

為之中巡防為重現在曾經城守戰陣者尤當以集衆思廣
衆益為急要似宜
令巡防王大臣出示凡有所見者准其具呈投遞其有一
技一藝者准其自行呈請考驗即非戎行而確知人之有技者
亦准具呈保請考驗之果有用即以收錄以期集群策群力
之用愚昧之見是否有當伏乞
皇上聖鑒訓示謹
奏咸豐八年四月二十五日上
再臣聞現在之要務以定人心為主而人心之奮勉以[illegible]敵

勢為先。天津之民，猶前日殺賊之民也，前日何勇，今日何怯，蓋緣不知逆夷虛實，見逆夷大礮雷轟電掣，以為天上神人，非人間所能敵，故一見即憒耳。不知逆夷大海之戰，較賊匪為長，內河及陸戰，較賊匪為短。何以言之，逆夷之船堅礮利，止可施之海上，至入內河之三板船，大僅數丈，礮僅數百斤，最大不過千斤，況河窄則轉柁不靈，水淺則易于淺擱，深入重地，前可迎擊，後可斷其歸路，是內河水戰，已不足畏，至于登陸以後，該夷腰硬腿直，一動不靈，既無匹馬，又不能紮營立寨，離船十餘里，即不能逗留，其隊雖整，可以散勝之，散則槍礮所傷必如四面可以圍擊交戰之時馬隊宜在後蓋馬隊太高不能避步槍礮恐多受傷當用步隊居前見步放槍礮時步兵伏地而避隨伏隨起起隨起隨進戰勝之後追亡逐北則以馬隊前進不難一鼓擒也粵人所以能制之者尤在善用抬槍蓋抬槍平打剛中敵胸且用彈比手槍為大羣彈比手槍為多其彈之所到又比手槍為更遠或為一條龍打法或為五梅花打法連環轉換接戰不窮又不同大礮之一發而不可再接故大礮施于海船則去利施于陸戰則去鈍迅速勇猛真直素所習也粵東士民所以雖敗而仍敢拒敵

素知。深知其伎倆也。現在逆夷雖遠居粵東省城，不敢遠擾各村村庄一步。此陸戰之尤不足畏知也。往年辛丑之役，各省官軍以數萬計。水師接戰，不崇朝而盡潰。及其踞北門外四方礮台時，舍舟登陸，失其所恃，數十村庄鄉民奮臂一呼，並無槍礮紀律，但以其荼毒糾合千百之衆，斬木為兵，揭竿為旗，逆殘殺之強盡。逆夷之畏粵民，自此始。迨咸丰四年，土匪滋擾，兵勇出戰時，逆夷登旁觀看，咸謂廣東兵可用。其指槍尤可畏。此次之亂也。粵東屢任來京，備述造次陸戰兵勇之傷，總按逆夷死傷為夥。間擾沿海居民，雖有數百逆夷登

岸。而鄉勇數十名。亦敢挺身迎敵。保社坊無務為也。凡此稱

述。皆出曾經目覩身歷之實人。臣思坊民。似于軍務有裨。謹

錄請

飭下巡防王大臣閱看。以備采用。謹附

奏。

八年四月二十五日附上

所陳 垂心內斷於中所弗許 未必終弗許 所當存之乃

可有為

敬籌治法治人而尤以君心為本疏

奏為敬籌備禦恭摺奏祈

聖鑒事。竊見自夷務興，論者皆謂無法。遂隱忍而專于主撫。今撫雖已就，而難實未已。則論理無法者，不可不亟求其法矣。臣所見有海國圖志一書，計五十卷。于海外諸國疆域形勢、風土人情，詳悉備載。而于暎吉利為尤詳。且慨前此辦理之未得法，為設此設種種之法。于守之法、戰之法、款之法，無不特詳。戰法雖較需時，守法頗為易辦。果能如法以守各口，暎夷似不敢逼近。未曾審曾否得邀

御覽。如或未曾亡

飭左右購以進呈。聞坊書中故大臣林則徐在廣東辦夷務時將

采輯譯出。為已故知州魏源取而成之。坊版不在京。如

蒙

欽賞為可采。請

飭重為刊印。俾親王大臣家置一編。並令宗室八旗以是教以是

學。以知夷難禦。而非竟無法之可禦。人懷抵制之術。而日思

奮厲之思。則是書之法出。而凡法之或有未備者。天下亦必

爭出備用。可以免無法之患。至法賴人行。則更須求人之法。

臣見道光二十二年。以夷務乏人。

宣宗成皇帝特詔兩廣總督祁𡎴訪求才能出眾。係通籌略之士。祁𡎴覆奏以為欲于武備收得人之效。必先于武備開取士之途。因請變通考選。于科舉三場策問改為五門發題。曰博通史鑑。曰精熟韜鈐。曰制器通算。曰洞知陰陽占候。曰熟諳輿地情形。于以求實學而拔真才。庶幾人才日出。議格未行。竊心惜之。迨補御史。即疏言暎夷之禍心包藏。而未知發于何日。天下有乏才之慮。宜早設求才之方。求才于考試中。莫如祁𡎴所奏五門發策。可勗士子以武備之學。求才于考試後。

莫如廣為保舉，可收材藝以儲武備之選。奉
旨交礼部议奏。嗣閱部议仍不以為慢，將部議未盡之處詳為剖
析，再疏陳之，以為及今為之而收效已在十年之後，失今不
以懲，他日徒為噬臍之思。即臣亦不足採，亦必更求良法，未
可置之不議。奏上未奉
明旨，遂不能以慢臣。今誠欲求真才，似難舍前二法。名請
飭軍机大臣將臣元年九月十九日、十二月二十日前後兩摺檢
出，再行詳議。於中宗室八旗務講兵機將略，以為腹心干城
一條，尤乞加意。當時部议之駁五門發策也，稱士子隨情有

素不必专门名家。试问今日製器通算者为谁，精熟韬钤者
为谁？部议之駮，广保举也。称文武各有乡会试，凡才学出众
武艺精通者，皆已甄拔无遗。试问年来杀贼攻城诸将，如罗
泽南、王鑫、杨载福、李续宾等辈，均能得自科举甄拔，何以有
遗？前议之未尽有所征，今议之当详，自可见此为长久得人
之法。若目前急需得人，则亦未尝无法。臣所见知人之鉴，莫
如前兵部侍郎曾国藩。当咸丰元年初与见面，论及人材，举
当日名重一时者，一一决其无用。臣初未敢深信，后乃悉如
所言。至楚省近年所出将材，又无能所识拔于庸众中者，如此

如知人善任殆非尋常現曾國藩奉

旨赴湖北理軍務誠極急矣惟有請

飭大小臣工各舉所知均令歸曾國藩帳下俾之一一察看收錄

隨人清用則可免乏人之患有治法有治人而以治兵禦侮矣

未也心求夫治法而或憚於法之難以驟舉念支拔而之哲

而少安則法必不以心求夫治人而或以非親貴未必可信

任又或賤貴用長猶是時文試律小楷之學則人必不出蓋

天下慬慬不慬令也且臣聞用兵之道專以[illegible]勝兵勇之氣

必日振之始起必力激之始生若使於心中有僥倖苟安之

一途。則其氣即懈弛而不可用。昔田单攻狄。魯仲子決其不
能下。謂當在即墨時。將軍有死之心。士卒無生之氣。所以破
燕。今將軍有生之樂。無死之心。所以不勝。此兵家至言。亦惟
未治亂興亡要旨。故吳志报越。日使人呼于中庭。越志报吳。
至于卧薪嘗膽。蓋霸國之屬其氣。猶如此。方今海外諸國。日
起爭雄。自人觀之。雖有中外之分。自天視之。殆無彼此之異。
皆曰皇天無親。惟德是輔。

皇上承

列聖付託之重。為中國主。將欲賓服四夷。必益懋昭明之德。以固根

存。而養剛大之氣以配道義。然後作法治人而得而理。大學
于平天下章。三言得失。首人心。次天命。而終以君心善惡繫
人心。以維天命。惟在君心之存忠信而去驕泰。此理自天子
至于庶人。壹是皆以修身為本也。
聖學日新。
聖德日懋。原非臣愚所能窺見，萬一。惟臣心迫憂危。莫抒悃忱。故
謹竭其愚慮。以備
采擇。伏乞
皇上聖鑒。謹

奏咸丰八年五月二十九日上

請開缺養病疏

奏為微臣病患已深。雖期速痊。恭摺叩乞

天恩。賞准開缺。以免誤公事。竊臣以氣沖耳閉。心煩不寐。腰足作痛。

精神恍惚等患。于上月十五二十四日。疊次懇

恩賞假。方冀調養即可就痊。乃月來醫治總未獲效。据醫稱氣閉

不寐。由于心火上沖。腰與足三陰之痛。由于心血過虧。筋失

所養。心火非藥餌所能和。而足疾尤藥力不易到。惟有靜養

年餘。庶可望愈。伏念臣一介庸愚。遭遇

聖明。擢至卿貳。曾涓埃之未效。敢暇逸之自圖。奈臣質本孱微。性

尤褊急。當事故之紛集。每過慮之獨深。往往晝夜傍徨。不能
自已。形神交瘁。亦不自知。數年以來。雖日勉強支持。實衰敗
之處見。今病患已深。兩次假期屆滿。各證未見稍愈。兼之夜
多不寐。晝寢神昏。遇事時覺迷糊。精神倍形恍惚。現在部務
殷繁。若怙戀棧之私。必致悞公之咎。再四思維。惟有叩乞
天恩。賞准開缺調理。倘能養息獲痊。揣量精力猶堪報効。自當泥
首
宮門。再求
賞給差使。所有微臣病難速痊。懇請開缺緣由。謹繕摺瀝陳。伏乞

皇上聖鑒。臣無任感悚待命之

命之至。謹

奏咸豐八年七月初四日上奉

上諭王　奏病難遽痊懇請開缺一摺。王　著准其開缺調

理。欽此。

謝開缺　恩疏

奏為恭摺叩謝

天恩。仰祈

聖鑒事。竊臣于本月初四日。因病懇請開缺。奉

上諭王茂蔭著准其開缺調理。欽此。臣跪誦之下。感激無地。伏念

臣資稟庸劣。學識拘迂。荷蒙

皇上逾格鴻慈。由部曹擢任御史。適遭時之多艱。遂有見之輒言。

罔覺是獻。敢期

采納之有加。葑菲不遺。更荷超遷于不次。受

恩愈重。顧臣益輕。爲利

國家。竟自忘其狂瞽。疊邀

寬宥。皆

特予以優容。臣訴

幬載之宏施。臣竭精靡而莫報。訴以病患辭職。復蒙

矜允垂憐。

天地之德。實有施于餘生。犬馬之忱。尚待輸于異日。臣有微臣、感

激下忱。謹繕摺叩謝

天恩。伏乞

皇上聖鑒。謹

奏咸豐八年七月初六日上

同治初元年　臣陳臣疏

奏為敬陳管見。恭摺瀝陳。仰祈

聖鑒事。竊臣以衰朽之資。荷蒙

恩旨。中心感激。寢食難安。數月以來。極力調理。氣體雖少愈。而臣

語仍形蹇澁。自揣尚未復原。因思報

國惟有進言。臣力無以効犬馬之勞。而臣言或可為芻蕘之獻。

謹就見聞所及。擬繕五條。為我

皇上陳之。

一　天象示警。急宜修省也。臣伏處通州。聞街市紛紛傳說。正

月初八日日象有三大暈。又二月初三日，星象亦有變異。近
且風霾屢作，雨澤愆期。臣不知天文，亦不知欽天監曾召奏
聞。竊理天道照于上，人事見于下，天人感應捷如影響。以上
年秋冬間之事變，五月即有星象昭示。蓋變不虛生，以此伏
思
皇上奉
兩宮
皇太后端拱深宮，議政王孜孜求治，以輔弼我
國家。政務清明，何慮有此。然機兆于微，而患萌于近，天之示象

不必知多之已見原事人以修省可持之机 臣伏願

皇太后

皇上與議政王交儆于微毋忽于近隨時隨事皆存戒謹恐懼之

神增一分修省則減一分災異增十分修省則減十分災異

天不可欺必以至誠無偽之實心乃震動恪恭之實意臣謹

應天以實不以文者存之于中不必宣于外庶幾化大為小化

有為無斯有道之象自見矣

一責任重大務宜專一也 臣聞用人者必惜人加用馬者必

惜馬加昔東野稷以善御見魯莊公而歎闔決其必敗為其

馬力竭也。漢相陳平唯兵刑不知。錢穀不對。好能出奇計。唐

太宗責房杜曰。公為宰相。當須閑明耳目。訪求賢哲。比聞聽

受詞訟。安能助朕求賢。臣自上年冬月。奉傳至軍機處。見議

政王、既管、各衙門、庶務、紛至、沓來。凡于、應接、不暇。心竊慮之。

方今用兵省分、半天下。機務已極繁重。各部院奏上事件。均

須獻替擬

旨。往往一事之來。有能殫心研慮。不能得其竅要。知昔周公至聖。

猶且思而不得。至于夜以繼日。議政王雖明敏過人。然過勞

則心力分。而神明易竭。臣愚以為議政王宜專心機務。其餘

事件綜其大綱而已 臣意

聖心能不知此特以諸凡重務必議政王筦理方可放心然而重
根柢則尤重於自見若議政王精神周察於各將帥督撫
各部院大臣務令皆得其人則內外就理軍務自平天下可
不勞而理矣

一言官宜務優容也伏見

御極以來廣開言路優獎諫臣亦云至矣嗣乃有獲咎者雖其咎
由自取然臣竊恐諸臣動多顧忌不敢盡言也昔者唐太宗
厭上封事者多不切事欲加進黜魏徵曰古者立謗木欲聞

已過。言而是。朝廷之益。即非。無損于政。憲宗以諫官多訕謗
朝政。挑擿其尤者一二人。以儆其餘。李絳曰。人。主。欲。求。諫。
猶。懼。不。至。况。罪。之。乎。如此杜天下之口。非社稷之福也。古來
吳臣之類言類如此。且匪直此也。人之學識心術。原自不一。
正可因言以知其人。若人皆緘默。則姦邪莫自而分。伏願
聖心法大知之舜。隱惡揚善。期嘉言罔攸伏。臣為天下計。非為一
人計也。
一府尹不宜兼部務也。伏請
諭旨。石贊清著兼署刑部侍郎。查順天府管轄二十四州縣事務

殷繁。屬官時有稟見，當一一審其才能；直隸時有會商，亦一
一詢其可否。即異能之員，猶恐精神未能周到，似不宜再兼
部務。況刑部事務亦繁，必須逐日到署。若不分心部務，則雖
添一員，亦如無有。若將部務分心，則一心難以兩用，且由府至
部，來往幾二三十里，兩缺皆繁，而日履二三十里，工夫亦殊
可惜。又順天府有咨刑部案件，刑部有劄行順天府案件，兩
署之員，不必一一符合。設有駁改辭駁之文，而刑曹以府尹
為本部堂官，多所遷就，亦非慎重公事之道。臣見道光年間
府尹不兼刑部，亦猶刑部堂官之不兼步軍統領。慮其有財

窒礙。意深且遠。蓋專轄之任。不比兼尹也。

一、奔競之風宜杜斷也。臣聞通商衙門行走司員。皆從各衙門取選。不知當時獎勵章程。如何奏定。乃今甫及年餘。一概優保。有今年甫得到署。不過月餘。亦得保奏。臣竊以為過于優異。恐有流弊。若通商衙門保奏如此。則各衙門當差人員。皆以營求保送為得計。而于本衙門事件。悉皆拋荒。恐奔競之風日開。故斷不可不防也。

以上五條。是否有當。伏乞

聖鑒訓示。臣不勝感激悚惕之至。謹

奏同治元年三月初八日 上 本日奉

上諭王　奏天象示警急宜修省等語所奏甚是朕以沖齡寅

紹

丕基兢業罔敢怠荒迺自正月以來日星垂象雨澤愆期昨雖得

有時雨仍未霑足之時皆由修省未至弗克感召和甘所幸

天心仁愛懸象示警深切著明因思感召之機捷於影響我兩宮

皇太后朝乾夕惕惟日孜孜朕尤當益加寅畏恐懼修省以承

天眷其議政王及各部大臣亦當交相策勉於有政事缺失必應隨

時匡弼進陳無隱俾得庶政修明用副應天以實不以文至意

欽此

上諭王　奏請飭議政王。專心机務予總大綱等語。朕奉兩宮

皇太后親政以來。因念時多殷艱。特授恭親王為議政王。在軍机處行走。原期事總大綱。用資勵助。近聞各院部于應辦事件。往往窺探意指。先期向議政王親商。在議政王向以公事為重。自不肯以一人之見。擅以裁定。而各院部大臣。皆出自特簡。應績釐擬全欵。該大臣獻贊可否。以臻妥協。亦當力爭匡救。用輔不逮。方合古大臣忠亮之義。其一切應辦事件。各有专司。只宜斟酌例案。斷不准多請核摹。藉口重承政府委任。其議政王請賞

各衙门随同办事之人大臣亦均身列卿贰遇有意见不同處
不妨独抒己见与议政王公同妥商岂可依唯画诺稍存推委
之心议政王于一切政务当综持大纲如有各部院办理未协
處並着尽心纠参用副寅亮天工庶官無曠之至意钦此
上谕王　奏言宜惺優容善语我兩宫
皇太后親裁大政言路宏開虛心採納乃聞讜言前因御史曹登庸
于〻会议
定陵規制申論僉同之事先自陳奏不知大體並于派办工程司員
率以無據之詞韋傳趙蘊章綿森等懸敵揣摹嘗試摭拾腰昧

之漸。于世道人心。甚有關係。特降補員外郎。用端習尚。欽此。

博、桂、所奏。詞意龐雜。無裨政治。謹將原摺擲還。亦未加以譴責。本年御史劉、慶、奏請飭正奏疏体裁。所言甚庸之。殊屬非是。且意近迎合。伊古名臣奏疏。無非以國計民生重大事務為經緯。該御史既為言官。茫昧無知。奏請飭正体裁。豈言官建白。必有拘套可循。亦將其原摺留中。以示優容。至糾劾劣員。條陳時政者。無不立予施行。即或事有窒礙。言涉浮詞。亦各節取所長。以宏達聰明目之意。嗣後該科道等。于一切政務。確有所見。足以裨益時政者。仍著據實直陳。無稍徇隱。朝廷將細察其才識

上諭。破格優獎。以作敢言之氣。用旌直臣。而收成效。將此諭知
科道等官知之。劉慶摺著交內閣發抄。欽此。
上諭王　奏保舉太監宜杜其漸等語。據稱總理各國事務衙
門司員。甫及年餘。概以優保。且有甫經到署。不過月餘。亦得優
獎。恐滋流弊等語。所奏不為無見。總理各國事務衙門。前于保
奏司員摺內。聲明係辦理外國事務。與各部院事務不同。且事
屬創始。諸形煩劇。是以未照奏定年限。破格請獎。當經特旨允
准。用示鼓勵。第恐此端一開。各部衙門司員。有所藉口。致流滋
弊。除此次所保各員。業經允准。着吏兵等部。毋庸照尋常勞績

覈減外。嗣後該衙門務。當照奏定章程。以六年為限。擇其資格較深。辦事勤慎者。酌保數員。照例獎敘。不得意存見好。概行保獎。以符定章而杜濫竽。欽此。

上諭刑部右侍郎。著吳存義署理。右贊善著毋庸兼署。欽此。

請修理尼山祠廟疏（附請堅持和約以戢夷志一片陳明難膺繁劇一片）

奏
奏為尼山祠廟。被匪拆毀。請
敕地方大吏趕緊剿辦匪徒。並籌款修理。以重祀典。而光
聖治事。臣恭讀本年三月十三日
上諭。孔繁灝奏尼山
聖廟書院。被匪拆毀。自請議處等語。據稱距曲阜五十里之尼山。
建有
聖廟書院。逼近教匪巢穴。二月初八日。該匪將書院及顏母祠等
處拆毀。並將該處祭器等物毀壞。孔繁灝職主奉祀。未能先事予

預防。著交部議處。各該地方官。疏于防範。咎亦難辭。著譚廷襄
查取職名交部議處。欽此。仰見
皇太后
皇上篤崇至意。臣伏查顏母禱于尼山。誕生
至聖先師。故尼山有顏母祠。漢魯相韓勑重加修葺。歷代因仍不
廢。道光十九年。
宣宗成皇帝。特發帑金。修葺完固。所以昌明聖學。昭
聖叔而息邪說。意至深遠也。迺鄒縣匪徒。藏于燒香邪教。甘作生
生戎。聚眾滋擾地方。竟敢拆毀尼山廟宇。此等亂民。豈復載

所難窺。臣不勝憤懣。伏查顏母祠為尼山建廟所由始。因
先師三歲而孤。稟承母教。為萬世師表。恭查雍正二年六月曲阜
聖廟災。衍聖公孔傳鐸奏聞。請罷奉
上諭接奏
先師大成殿。以及兩廡俱被火災。請出
聖像牌位。新建崇聖祠。幸得無恙等語。朕心驚惕不安。朕惟
孔子道高德厚。為萬世師表。所以維世教。立人極。與天地同其
悠久。朕臨御以來。思極尊崇之典。用伸仰止之忱。今闕里
聖廟被災。豈朕尊師重道之誠有未至歟。朕在諒闇之中。素服齋

居。毋庸更予減膳撤樂。惟謹擬祝語國學
文廟。庚申祭奠。宣讀告文。以展朕跼蹐不安之意。誠先期齋戒二
日。于二十七日。不設鹵簿。朕隨身素服。前往。派王大臣官員陪祀
者。亦皆常服將事。仍遣官馳赴闕里祭告。以慰神靈。至新建崇聖
祠安志。
聖像神牌不改靈爽。朕心稍寬。遣工部堂官一員。會同該撫作速
計材料工。擇日興修。務祈規制悉復舊。廟貌重新。該部遵旨速行。等
因。欽此。仰見
世
宗憲皇帝遇災恐懼之至意。惟。彼。係。天災。此。則。人。事。臣愚以為

皇上宣紹法

祖

宗倍加乾惕並

敕下山东巡撫提督將匪徒剿滅毋任滋蔓並飭有司于地方平

靜後即速籌款修理以重祀典該省大員為多皆曾任督撫

司道如各捐資湊集自易辦再查孔繁灝奏稱尼山距曲

阜僅五十里則匪徒蹤迹已近數里若地方文武不能速行

懲辦設有滋擾更復成何事體臣為息邪說衛

聖教起見不揣冒昧繕摺奏

聞。伏乞
聖鑒。謹
奏 同治元年四月初十日 上

再臣伏讀三月初八日
諭旨。總理各國事務衙門奏請飭地方官。于交涉教民事件。迅速
持平辦理一摺。內所請各節。均著依議行。等因欽此。及讀該
衙門原奏。法國條約內。所有或寫或刻。奉禁天主教各明文
無論何處。概行寬免等語。現在天主教既已弛禁。所有各項
明文。已在毋庸議之列。應請查明一律革除。嗣後如修新例。

不再增刊。並將舊例註載。全乃刪去。仍將條款寬免字樣。改
為革除等語。伏思此例已寬免矣。該國必非改為革除。此節
心為何心。該國之意爭如蓋國俾也　臣思他事可從。旅予看
似無關緊要。而斷不可從。國之意以為國專在此等文務告
以和約已定。現在不可更改。此時可改。則亦可偷改。示以約
之當持。隱示以守之不易。該國知不可干。自必退阻。此理該
國現在上海幫同打伏。豈此尚不可從。則薛煥之奏不可恃。
此中尚有別情。若謂該國竟肯出力。則合兩國之兵力何難
破除此賊。非徒報勝仗而已。蘇事雖屬已往。將來類此者竟懸

尚多。竊願堅持和約。以戢彼志。否則志不可厭。將必要求無窮矣。臣愚昧之見。是否有當。伏乞

聖鑒。謹附片密

奏。

再臣感念

天恩。急思圖報。而自維蒲質。尚未全瘳。性靈大減于曩時。智慮已衰于晚歲。雖不敢少耽安逸。自外

生成。實難以力任艱鉅。更膺繁劇。在

朝廷因材錄用。原無臣下辭避。而臣子量入苦衷。或亦

鴻慈尉於念。尉有微臣錯假下忱。謹附片懇陳。伏乞

聖鑒。臣不勝惶悚待

命之至。謹

奏

謝署理左副都御史疏

奏為恭謝

天恩事。同治元年四月十一日內閣奏

上諭晏端書現在出差。都察院左副都御史，著王　　署理。欽此。

竊臣質慚庸陋，性拙識愚。

先皇帝簡擢之恩，毫無報稱。際我

皇上嗣興之始，特荷

傳宣。

情覆恩深，顧孱軀而滋愧。就瞻志切，幸微疾之尖蠲。乃承

簡命之加。俾攝臺垣之副。伏念職司憲典。實綱紀之總樞。況當

廑念民依。冀隱微之畢達。臣惟有益加競惕。懔執法以持平。倍矢

慎勤。期循名而責實。庶效涓埃于駑策。稍酬

高厚之

鴻慈。所有微臣感激下忱。謹繕摺叩謝

天恩。伏乞

皇上聖鑒。謹

奏。同治元年四月十三日上

陝西軍務不可用法界阿為統領疏

奏為敬陳管見，恭摺仰祈

聖鑒事。臣聞陝西軍務，現調撥南苑兵，又命法界阿為之統領。聞古人之論異矣。將者，三軍之司命也。君不知將，謂之棄其國；將不知兵，謂之棄其師。蓋古人之慎重若此。法界阿前在揚州、天津、儀徵，有明徵矣。何以保其此後之不僨事乎。現在可稱為完善者，分之有幾。

國家之有陝西，實不堪再為嘗試矣。南苑之兵，甫議訓練，非已訓練也。且固未知其兵如何。然以時日計之，則共見共聞。無如

此迅速之理夫以不训不练之兵剿办贼匪则不足骚扰地
方则有余出京财过之地为山西必将首被其害现在所恃
为财命根源在此何
國家之有山西实不堪再为搔害矣夫陕西邻省有湖北有河
南河南则现有僧王大营湖北则现在无事其地皆较京师
为近就近调拨自较便加想
聖慮必已计及京兵即去亦来不及似可无事调动且此兵一动
则天下皆将窥我虚实而长贼匪之戎心何也一调拨而即
动南苑之兵则国中之无兵可知也 臣愿住兵阿姑且先止而

留南苑之兵。益加訓練。則足以壯聲威而張
國勢。
朝廷牽動。務須謀出萬全。臣愚昧之見。是否有當。伏乞
聖鑒。謹奏
奏 同治元年四月二十八日

敬陳陝西軍務需得人疏

奏為敬陳管見恭摺仰祈

聖鑒事。竊伏讀日抄。知川匪已竄赴陽平。陝匪亦竄越富水。現在各省帷山陝稱為完善。京餉兵餉。多取資于此。若陝省再有竄匪。則山西恐亦難保。必須設法防禦。趕緊剿滅。因思辦理軍務。需。得。人。該撫瑛棨未經兵事。恐非禦敵之將才。且聞署雲貴總督潘鐸向為賊阻。現駐陝西。該督前在湖南。守城禦賊有效。兵機將畧。年來尤為究心。現既阻陝。則雲南軍事鞭長莫及。可否請

旨勅下潘鐸就近先行辦理陝省軍務而令瑛棨以專辦兵餉資

給之與張芾分投勦辦三人同心協力庶可迅速蕆功至于

辦理之法先貴熟悉地方形勢臣所識有陝西蒲城舉人權

以巽于該省形勢險要言之詳悉謹將該舉人所著保陝說恭

錄進呈

御覽再該省隴州知州邵輔于軍務頗能用意講求咸豐十年見

川省有事慮及陝省曾上保衛關中十策深為切中而當時

不用以至于今夫事未至而先慮及此有心人不能又富平

縣知縣江開亦嫻軍務而才不甚純然駕馭得宜用其才而

不為時用。於事未必無補。該二員均係安徽籍人。與臣同鄉。昔
唐臣崔祐甫有言。非親舊諳知其才。臣為大局方亟起見。不
敢引避小嫌。請
勅交潘鐸差委。試其能否。如其不能。則請罪之。不揣冒昧。敢以上
陳。是否有當。伏乞
聖鑒訓示。謹
奏
同治元年四月二十二日上

陝西軍務成明不可爲將疏　附奉人才及陝西地勢一片

奏爲敬竭愚慮再行續陳恭摺仰祈

聖鑒事。竊臣見近月各路軍營消息斷絕。良由上年以來。調度得宜。將得其人也。是將得其人則利。不得其人則害。有明徵矣。

上月二十八日。奉

上諭成、明、現赴軍營。直隸提督。着寶、山、署理。欽此。臣因而致之。成、明、人本偉面。上年朝、陽、之役。功績卓著。似乎將才可恃。然聞是役也。成、明、初至山口月餘。據得勝保兵有抵朝、陽、者。恐勝保來成功。始一率進口。追賊被剿逃逸出口。裹脅皆散。有頭目四百餘名。馳馬東逃。適錦州義州兩路兵勇迎頭西上。攻路追兵又至。賊皆竄入羅家台之燒鍋聚。該聚約有四里。兵勇午刻四面合圍。专候將令。即用火攻。先喊令言民想法自全。聚中已哭声震地。成明于申刻到。不准火攻。定于次日剿办。改作三千餘里之長圍。賊二鼓窺黑龍江圍已弛。駕牛馬大車衝逸。成明五鼓始知。奉省各屬。由此被擾。紫宝善至今未獲。是成明之為將。恐未盡善。現在陝省之軍務。似乎稍緩。山西之派援。尤為可慮。得已則不必。必不得已。則莫如竟用寶山。且聞宝山係屬孝子。樸誠忠勇。該員極量甚大。自倭仁以昭戒之。遂不斷除。自奉天考来者。人人所言皆同。該員帶兵似可不致滋擾。此時地方不敢求其有益。先求其無損。臣非敢故為阻撓。緣命將事大。臣既有聞。不敢不以上陳。為此再行請奏。是否有當。伏乞

聖鑒訓示。謹

奏　同治元年五月初八日上

再臣聞陝西人所說人事地宜。謹采四條。敬呈

御覽。

一河南歸德府知府祝塏。係陝西人。該員勇敢殺賊。業已著

聞。又興安府平利縣訓導史兆熊、該員係漢中人、興安漢中、
兩府、交界山中、與楚蜀接壤、該員于兩府地利情形最為熟
悉、且為素所推服、從前粵匪由楚上竄、竹山失陷、賊已至平利
界內、竟被擊退、一切布置、該員之力為多、請
旨飭令祝垲回籍、與史兆熊、協力辦團剿賊、
一南山各處木廂鐵廠紙廠炭洞工作、計不下數萬人、同州
之大荔及沿河鹽鹼工作、手指尤繁、此等皆無業游民、一經
歇業、易與匪結、勾宜急令各廠東主、繕造花名、報明存縣、令
會同紳耆、設法各給口糧、團為義勇、重懸賞賜、分遣林東守

各縣邊遠境界隘口。於各縣附近要隘。擇紳耆之有胆識者。嚴密固守。籌冊規飭該工作等為不肖。遠相棄絕。致令無所得食。甘心從賊。彼等。熟悉道路。而又。慣於登高涉險。是無故又為賊。添數萬勁卒矣。

一現查二麥被野。民間一聞賊警。必不待於成熟。收穫入保。間有愚民惜於未熟。遂令鄉間之稍有知識者。務早勸諭。令民芟刈。為清野計。即萬一芟刈不及。宜付之一炬。以絕賊望。則賊無粮足恃矣。

一興漢各屬。為陝省西安屏蔽。急須安撫。使各防險以防賊宰援。現聞已調湖北省兵弁赴援。宜令會同與漢各營。及鄉紳團勇。分守各險要隘口。賊一敗歸。必圖盤踞。一有不慎。必致蔓延難圖。此尤不可不慎也。